好想法　相信知識的力量
the power of knowledge

寶鼎出版

好想法 相信知識的力量

the power of knowledge

寶鼎出版

我70歲，依然嚮往燦爛的明天

햇빛은 찬란하고 인생은 귀하니까요

張明淑 장명숙 ——著

郭佳樺 ——譯

目錄

阿嬤的故事 2

精打細算過 24 小時

品味

음위

阿嬤的故事 3

一點一點捨去時就會更輕鬆

阿嬤的故事 4

成為理解並給予擁抱的人

後記

好評推薦

　　人類最終還是會披上自己一直以來的人生衣服。你著重的、認為美麗的、想隱藏的、想呈現的東西混和在一起，創造出個人喜好，這個喜好塑造出你的生活風格及穿著打扮。因此我們很難想像一個相當棒的大人搭配一個不相符的人生。

　　米蘭阿嬤讓我們看到一個柔軟但不是散漫，獨特但不是固執的大人會是何種樣子，我們為之狂熱。最重要的是，她那「尊重世上獨一無二的我」的態度，不就是對「自尊感」這個謎題最明白的解答嗎？

金伊娜／作詞家

　　雖然我經常在作品裡創造世上最棒的大人，但
是當我看到一個身心歷經漫長旅程的真正大人就在
我們身邊，更是開心。這本書裡蘊含的平淡鼓勵，
就是現今我們最需要的。壓抑式的話語我們通常無
法忍受，想趕緊拋出九霄雲外，但基於愛惜之情的
話語我們卻能好好聽進去，不會曲解它，米蘭阿嬤
的語言顯然是後者。她建議「不如按照自己與生俱
來的特性」走，將「絆腳石當作墊腳石」，這麼爽
快的提議讓我的肩膀放鬆下來。也許我能踩在前人
的腳印上，也許踩得有些偏差，但我仍希望「善良
並充滿愛的故事」會持續下去。

鄭世朗／小說家

到死之前，我都想一直改變，
因為陽光燦爛，
而生命如此珍貴。

米蘭阿嬤的故事

10 多歲， 我作夢

20 多歲， 我不停挑戰

30 多歲， 我不斷全力以赴

40 多歲， 我更靠近弱勢族群一步

50 多歲， 我變得自由

60 多歲， 我成了不在人生計畫內的網紅

70 多歲， 每天都悸動

只要活著， 只要還能動，

人人都是現役，

都是自己人生的主角。

致臺灣讀者序
滿懷榮幸的感言

大家好，我是曾以「米蘭阿嬤」藝名當 YouTuber 網紅、來自韓國的張明淑。雖然是以書面形式，但能夠這樣和臺灣讀者見面，實在是我至高無上的「榮幸」。拍攝 YouTube 影片的過程中，其實我從年輕人身上學到非常多，但他們卻對我說「認識米蘭阿嬤是我們的榮幸」。

我的影片留言中，最常看到的字就是「榮幸」，而今天我可以把收到的榮幸再轉給臺灣讀者，就是我的光榮。讀著滿是稱讚和加油打氣的留言，心頭湧上無盡的感激之情，讓我經常思索「究竟自己真的有獲得讚美的資格

嗎？」我經常擔心自己是否不小心做錯事，叮嚀自己要保持端正姿勢，時刻整理儀容。獲得如此多的愛戴，使得我時常思考要如何把我收到的再回饋給大眾，也讓我更下定決心要過得更好。

臺灣對我而言是一份思念。20年前，我曾到臺灣旅遊。那次是因為住在臺灣的一位挪威友人的緣故。和那位友人初相識是在韓國的首爾，友人的丈夫因為負責韓國鐵路顧問而一起居住在首爾一段時間。後來那位友人回到臺灣，邀請我去臺灣玩。

我還記得第一次踏上臺灣土地的記憶。臺灣位於比韓國緯度更南的地方，有一種溫暖的氛圍。冬天相較韓國不那麼冷，所以住家沒有暖氣設備，這點讓我感到很新奇。我喜歡的南方華麗花卉開在池塘、河川邊，那風景令人難忘。香甜多汁的水果種類又多又美味……。

回憶又湧上心頭。我懂漢字，挪威朋友看我居然懂中文字，一臉神奇的表情現在仍是歷歷在目。韓國稱之為「化

妝室」的，在臺灣則是叫「洗手間」，我第一次得知時
感到非常有趣。國小高年級開始學的漢字，從來沒有像
那時候一樣好好發揮功力過。

臺灣對我而言是緣分。確切來說是八年前，我曾經有
機會和一位臺灣的年輕平面設計師合作。他的韓文遣
詞用字比韓國人還要高雅，我很喜歡他，之後和他成
為朋友，關係變得更親近。我們的友誼隨著時間變得
更加珍貴。

不久前，他傳了一個連結給我。那是臺灣網路新聞介紹
米蘭阿嬤 YouTube 頻道。聽聞我的書即將在臺灣出版，
他比誰都還開心，傳了恭喜的訊息給我。我希望我不會
讓這個年輕人失望，希望我的書在臺灣也能像在韓國一
樣獲得許多喜愛。

一開始出版社向我提議出書時，我擔心「這把年紀光拍
片就有些吃力了，還有辦法寫書嗎？」後來每個週末我
都和筆電奮鬥，努力寫作，是因為希望能夠把版稅全部

捐給離開育幼院的青少年，希望多少能給他們一點微薄的幫助。

想到如今美麗的臺灣讀者們即將拿起我的書閱讀，心頭滿是悸動，甚至是有點害怕。我把平時捨不得用的「榮幸」一詞拿出來，為臺灣各位讀者的閃亮人生加油，謝謝您們。

滿懷真心榮幸

張明淑 敬上

序言
有所期待的人生

我是 1952 年生的張明淑。

韓戰期間在堆滿稻草屑的台基上出世，

70 歲左右成了 YouTube 網紅。

每天早上睜開眼，想的是「今天又會多有趣呢？」

滿是悸動；

到了晚上，躺在床上想的是「今天我過得好嗎？」

然後回顧今天，

再期待著「明天又會有什麼事發生？」

序言

開始拍攝 YouTube 影片後，
有人叫我時尚阿嬤，
也有人說我是他的人生偶像。
這一切都超出我應得的，讓我感激不盡。
當然，我的自信心和責任感也都更茁壯了。

寫著這 300 多頁的書，
也讓我回顧自己的過往時光。
我曾覺得自己人生像是一場殘酷的訓練，
現在想想，卻覺得「啊，才這點程度啊？」

我的臉很小，嘴巴卻很大，
從小就聽別人說我長得很醜。
身體也不好，大小病痛不斷，吃了不少苦。

正是因為長這樣的關係嗎？
還是因為周圍批評我外表的環境呢？
不管怎樣，我可以確定就是環境帶給我的煩惱，
引領我進入時尚界。

這讓我受到華麗鎂光燈的注目，

看見世間的黑暗陰影，

也學會了打理我自己、珍惜我自己、愛我自己的方法。

我曾因為所謂賢妻良母的意識形態飽受折磨，

但仍為了完成被賦予扮演的角色，全力以赴。

因為是女人，曾經很苦；

因為是東方人，曾經感到被疏遠；

也曾因是職業婦女，覺得很悲傷。

在兩個孩子年幼時，我沒能和他們共度太多的時間，

我想一直到以後，仍舊會不時感到抱歉。

我將這樣的故事放在書裡，

也許有時你會看到書裡出現一些被感性沖昏頭的句子

或故事也不一定。

1994 年，大兒子在接受性命交關的大手術時，

隔年我任職的三豐百貨公司崩塌時，

我都咬緊牙關，為了活下去。

序言

當時我祈禱自己日後會向那些被社會忽略的人們伸出援手，
現在則一步一步用行動實踐當時的承諾。

到了這把年紀，周遭的人開始問我「何謂人生？」
人生有什麼特別的？
不過是被生下來了，就認真地過下去，
能夠幫助處境困難的人更好，
別在意不能替我負責的人所說的話。

有句話，我每回碰到人生難關時常說。
「是啊，碰到山就越過去，碰到河就渡過去吧！
總有一天會看到盡頭吧！」
以往拚命掙扎，辛苦難受時總會想起
韓國詩人具常的《花兒盛開的地方》，讀著這首詩，
讓我有了這樣的想法。
「就算我現在走在荊棘路上，
日後回想起來應該像鋪滿花瓣的紅毯吧！」

我想小心翼翼、平平淡淡地這麼告訴大家。

過去每一刻我都盡力地、有智慧地、真心地，
努力過好我的人生。
以及從現在開始，我要為那些被忽視的弱勢族群，
更努力發揮我擁有的力量。

希望在我闔上眼之前，可以繼續創造良善的、愛的故事。
這本書就是其中一部分。

2021 年某個陽光燦爛的好日子

米蘭阿嬤 張明淑

要尊重世上
獨一無二的我

하나뿐인 나에게 예의를 갖출 것

白尊 자존

給哭泣的學生

我以前的一個學生來找我。

久久不見的臉龐卻失去了光彩，極為憔悴。

肯定有什麼事情，但她卻難以開口，

最後忍不住嗚咽了起來。

我讓她盡情大哭一場，在旁邊靜靜地等了一下，

遞給她一杯溫熱的茶和柔軟的毛巾。

隨著眼淚逐漸乾涸，又是一陣沉默，

她語帶哽咽

詳細告訴我來訪的原因。

本來不想再活下去了，太累了，所以想了結生命。

她想已經走到盡頭了，

所以來見我這個老師最後一面。

事情是這樣的，她因為恐慌症和憂鬱症而住院。

一直以來在她的各種努力下，

不僅在夢想的機關任職，甚至爬到夢想的位置，

取得令人滿意的成就，結果問題在於

磨難那時候才開始。

這麼有才能又充滿熱情的人變得如此萎靡不振，

讓我更加心痛。

我咬緊牙關，按耐著不把心痛表露出來。

已經是中年的學生嘆了好大一口氣，沉重得彷彿巨石。

保守的婆家只在意她給了多少孝親費，

先生的態度則和結婚前有一百八十度的大轉變。

她說家裡大大小小的各種雜活

都是她要做，

又深深嘆了一口氣。

又不是單薪，雙薪家庭的經濟狀況分明是有餘裕的，

但現實是這份餘裕只有老公一個人獨享，

讓她茫然若失。

她說工作時這個人來拜託她，那個人也來拜託她，

有愈來愈多不想見卻不得不見的人，

一想到這些工作，每晚就睡不著覺，

於是最後受失眠所擾。

我只是靜靜地聽著，

好讓她可以盡情說出心裡話。

看著學生臉上那沉重的陰影逐漸變得模糊，

我想了又想，究竟該給她什麼樣的答案。

我的學生是典型的工作狂。

她長期以來不照顧自己，

也不知道自己已經超過負荷範圍，只是勇往直前。

她已經不知道自己在哪，正往哪裡走去，

迷失了方向，拚命掙扎然後油盡燈枯。

油盡燈枯時，就會受失眠所苦，

受失眠所苦後，身心枯竭的症狀就會愈發嚴重。

靠酒精、精神安定劑都無法壓下來，

憂鬱症也變得更嚴重，甚至會產生偏激的幻想。

即便是微不足道的擔憂也會無限擴大，

因此人會經常不安焦躁，無來由地驚慌，
甚至出現心律不整的症狀。

尤其愈是在家教嚴格又挑剔的父母底下成長的人
他們的完美主義和萬能情節作祟，
對自己投予過高的期待，
或把自己逼到極限。
想滿足父母親期待的想法愈大，就愈感到負擔，
達不到自我期待時甚至會感到嚴重挫折。

從前我似乎聽過
坐在面前的學生就是在那種環境下長大。
我問她是不是也有這種煩惱，
她說「您怎麼知道？老師好像算命的」，
這才露出淺淺的微笑。

「妳問我怎麼知道？我也經歷過啊！」
「真的嗎？老師看起來總是理直氣壯，很有自信，
我還以為您不會有害怕恐懼的時候。」

「那,妳要聽我的故事嗎?」
那天晚上,我把我的孤軍奮鬥記告訴學生,
也給她建議和鼓勵。

最重要的是建立一個為我自己而活的大前提。
我孩子、我老公前面加上「我」這個字,
代表要有我,才會有孩子和老公。
如果沒有了我,我的宇宙也就消失殆盡了。

造物主之所以把我創造出來一定有祂的用意,
與其想著「死定了!」不如反過來去找
自己該活下去的理由。
抓緊那個意義繼續往前走,
那麼總會出現微弱的光芒,看見隧道的盡頭。

別折磨自己,而是把自己擺在生活的中心。
如果要做到這點,就要把肩膀上的沉重負擔放下,
先瞭解自己想要什麼,並完成自己的願望。
要將自己的內在打造得堅固無比,

才不會輕易被他人的情緒左右。

我們的責任就是盡力做到自己能力範圍。

就算失敗也別覺得丟臉，

要稱讚盡全力挑戰的自己。

如果捨棄不掉「好人情節」，戰戰兢兢地過生活，

各種大小雜活自然會落在你的肩上。

如果有難以達成的請求，

請冷靜判斷自己的能力是否做得到，

做不到就心平氣和，有禮貌地說

「這超出我的能力範圍，如果誇下海口可能

反而把事情搞砸，

因為不想破壞我們之間的友好關係，

所以只能拒絕你的請求了」，理直氣壯地說。

對孩子、對先生、對婆家

都要採取這種方式。

也許一開始他們會覺得不高興，

但是這樣的關係才有價值，才能長久。
無論是哪種關係，只要我是抱持善意做人處世，
最後都不至於鬧得難看。

別把自己交給他人的眼光或他人的評價，
要先溫暖地安撫、擁抱自己的心，
創造出力量，好讓自己能有動機跨步向前。
倘若不堪負荷而跌倒，就倒下暫時休息吧！
看看周圍的山光水色，
傾聽內在的聲音。

我一直偷偷觀察學生的表情有什麼變化，
盡最大的誠意勸導她。
彷彿攬下全世界煩惱的學生臉龐
很慶幸地似乎正逐漸恢復平靜。
然後說著我會再努力一回，就離開了。

幾天後，那個學生打電話來。
說著陰暗的影子彷彿慢慢褪去中，

她也正慢慢放下自己要完美解決所有事情的想法。

「我正照著老師的話去做。

『就算做錯了也沒關係，跌倒了也不要緊；

跌倒了就休息一下，拍拍屁股起身就好。』

我就這樣一直鼓勵自己，慢慢找回勇氣。

努力去感受、去觀察

我的身心想要的是什麼。

謝謝您，我會盡快恢復開心的自己再去找您。」

看她似乎恢復了元氣，我感到非常慶幸。

這時候不禁覺得人生只有一次，實在可惜。

要是能夠把在第一次人生中體悟到的事，

套用到第二個人生中，

第二個人生應該會很輕鬆吧……

不，人生還是只有一次就好了。

活兩次的人生實在太辛苦、太可怕，我大概沒辦法。

「換做別人來看……」

難得和老公起了爭執。

我們共度了 46 個年頭，

吵架也只是浪費力氣，

所以大部分的事我也不大驚小怪，就隨他去，

那天我卻不想逃避了。

說得更精準一點，是不想聽到他又說「那句話」。

「換做別人來看……」

光聽到這句話，就讓我氣得七竅生煙。

明明知道我有多討厭聽到這句話，

老公這次又搬出「那句話」來氣我，

實在氣不過。

這次我下定決心，一定要終結「那句話」，

說一不二，向老公宣戰。

「別人怎麼看重要嗎？」

「我為什麼要管別人怎麼想？」

「我為什麼要跟別人一樣？」

「別人會替我過人生嗎？」

「我難受的時候別人會跟我一樣難受嗎？」

「我肚子餓的時候他們會給我飯吃嗎？」

「別人這麼了不起，他們為我做了什麼嗎？」

「為什麼我要先想別人怎麼看？」

為了那了不起的「別人」，

讓我遭遇過、經歷過的憤怒，一下子傾瀉而出。

人類是群居動物，

不能影響到其他人，這大家都知道。

但是我的思想、行為舉止為什麼要配合別人的標準？

這就是我的憤怒來源。

小時候不知是自我意識強，還是反抗意識高，

我一直都對「別人這樣所以我也要這樣」的話語很反感。

所以和媽媽也不時起衝突，

經常被罵「搞怪」。

也許媽媽是出於擔心

怕特立獨行的女兒人生將會一波三折、吃盡苦頭，

但我真的是怕死了所謂的「體面」。

我和父母親的衝突在婚禮前後達到高潮。

「換做別人來看，禮緞＊也要做到這個程度吧？」

「要是別人看見了，會說我沒教好孩子。」

在我看來，把錢花在禮緞或嫁妝上實在太可惜了。

所以精心準備嫁妝的媽媽，

和不喜歡這一套的我，自然是事事意見不合。

我父親不僅對我親自設計的禮服有意見，

連我在婚禮上戴的帽子都不甚滿意。

當時每個新娘都戴頭紗，

＊　禮緞：韓國傳統風俗中，結婚時男方準備住房，女方則需準備家電
　　家具等嫁妝（韓文稱「婚需」），以及送給男方家長親戚的禮物（韓
　　文稱「禮緞」），希望男方家庭能夠多照顧女兒。古時綢緞為貴重
　　之物，如今則改為送棉被套組，或改贈現金、名牌精品等；隨著時
　　代變遷，也有新人選擇省略此禮數。

我卻戴了白色的無邊圓帽 *，

他說希望我可以和別人一樣戴頭紗，

不知道發了多大脾氣。

我總是因為「別人」而平白挨罵，

有點被當成問題兒童對待，總是無法抬頭挺胸地過日子。

所以我和念設計

又在大學教書的男人結婚後，

內心偷偷期待著「至少他不會很保守」。

但是呢！我先生比父親的境界還要高。

先生不管我穿迷你裙還是緊身牛仔褲，

對於穿著一概沒有意見，算是萬幸。

不過，那也是出於尊重我的專業。

但是除了穿著以外的事，

動不動就拿「換做別人來看……」來說嘴，

*　　toque，一種硬邊、無帽簷的女帽。

真是讓我不知如何是好。

我在時尚圈的工作正忙時，偶爾會晚下班。
先生每次一定會用
「換做別人來看……」這句話扯後腿。
當然某種程度我也能理解他的想法。
媽媽愈早回家，
甚至是回家時間規律，對孩子都是好事。
但是我非常不喜歡他用來說服我的那個武器。

每當先生拿出「換做別人來看……」這個武器，
我呢，就掏出祕密武器——
「還是你想過得跟路易茜家一樣？」
路易茜是我一個很好的義大利朋友，現在已不在人世，
拿她的例子來舉例雖然有點抱歉，
但是只要我把路易茜家的故事搬出來，
先生就不會再說「換做別人來看……」。

路易茜家雖是平凡的中產階級，

但是生活方式非常特別。

她們家有兩層樓，

一樓是擺滿老舊家具和用品的生活空間，

二樓像是專門供奉好東西的展示間。

她們都是很好的人，

但是不使用好東西，只用老舊東西的生活方式，

我沒辦法認同。

每每提到路易茜一家就無話可說的先生，

這次卻是激烈反擊。

「那個誰誰誰，還有誰誰誰家也都這樣啊！

不要當作只有我是在意他人眼光的偽善者！」

先生舉的誰誰誰家，

她們家有一幅我喜歡的作家的畫作。

我在她們家看見在展覽看到的畫作，

因為太開心了，不禁開口讚嘆

「哇，好棒啊！怎麼會有這幅傑作？」

但是夫妻倆似乎不清楚作家的姓名、作品名稱，

沒有正面回答，吞吞吐吐地。

感覺上像是畫廊說以後會漲價，

所以才買下這幅作品。

仔細一想，不僅是畫作，

就連知名的進口餐具也被放在展示櫃裡，

失去了餐具原來的用途。

餐桌上擺滿的，是飯店自助餐的餐具。

（也是，不用洗碗應該很輕鬆吧？）

我不想時時刻刻在意他人眼光，

過著計較的人生。

與其要一個在別人眼裡覺得很不錯的人生，

不如過一個我自己看也覺得很滿足的人生，

不是比較好嗎？

我舉著各種論點進行反駁，

於是吐出「換做別人來看……」的先生終於有點收斂了。

我只希望先生從此之後可以不要再搬出這句話。

✦ 剃光頭又怎樣

我們家世代都是髮量稀疏，

而且頭髮很早就變白。

從醫學角度來看，是因為黑色素迅速耗盡所造成的現象。

我母親有著鵝蛋臉和端莊的五官，

是個大美人。

美到有些不懂看眼色的人會在我面前

說女兒比不上媽媽。

我呢，很遺憾地長得像爸爸這邊。

但就連漂亮的母親，也有說不出口的煩惱，

就是髮量稀少。

偷偷說個祕密，

我母親從 50 歲初頭就開始戴假髮。

她絕對不會讓別人看到她那副模樣，

但有時候她會抱怨我這個大女兒很讓人鬱悶，

然後拿下假髮讓我看。

每每看到那個模樣，就讓我擔心不已，

「要是我也像母親一樣怎麼辦？」

那時我就想，

「我不要戴假髮，也不要燙頭髮」

我擔心燙頭髮用的藥劑會摧毀頭皮，

讓原本就稀疏的髮絲變更少。

其實我從來沒有燙過頭髮。

總是維持短髮，

盡量不給頭皮造成壓力，

就是我的頭髮護理方式。

40 多歲時，在我大兒子做了攸關生死的大手術後，

我的頭髮變得花白，

一直到 50 多歲時我都持續染髮。

為了掩蓋每兩週就長出來的白髮，

我不惜每次花上三小時修剪頭髮、染頭髮。

每回總讓我想著「究竟要這樣做到什麼時候？」

正當我為此煩惱時，偶然看見很特別的景象。

有一位透過天主教財團來到韓國，
在韓國外國語大學義大利語系任職
教書的教授。
他罹患老年痴呆，
在富川的一間老人日照中心療養。
本來精通五國語言的他，
因為生病的關係，一開始先從最晚學的語言開始遺忘，
之後甚至連母語也只會幾個單字。
為了不要讓他完全忘記義大利語，
我有空時就會去療養院協助他練習語言。

在往返療養院的期間，
觀察長輩們的外表，我發現了共通點。
老人家的頭髮大部分都是短髮，方便整理，
髮色都是未染色的天然白髮。
我看著他們的樣子，
決定要直視生命的本質過日子。

這份決心則藉著不染髮來表現。

真的開始不染髮後，還需要勇氣。
我想了想不染髮的優點。
首先，染髮時要一直維持不舒服的姿勢，
所以我可以從手臂的痠痛中解脫了。
我有過敏體質，
無法使用隨手買得到的染劑，
所以我可以省下找合適染劑的心力。
染劑會造成水質汙染，
所以我可以更近一步實現
我想努力守護的綠色生活。
優點這麼多，但缺點只有一個──
顯老。

「反正確實是上了年紀，就接受吧！」
我下定決心，
果斷削去髮絲，也從染劑中解放。
如果不剃頭，

我就得忍受一連幾個月白髮、用指甲花染的棕髮、
還沒有褪白的黑髮，
三色交織的盛宴。

那時我 55 歲。
已經開始有更年期的徵兆，身體出現變化，
正是適合剃髮的年紀。

剃髮、戒斷染髮後，我被母親碎念，
質問我怎麼會讓自己這麼醜、這麼顯老。
有兩次還被人說了像歐吉桑。
一次是我經常去的育幼院的孩子，
對我說「白色短髮才不是老太太，是老公公！」
這麼替我下定義。
另一次是閉鎖修道院 * 的修女
也無意間把我叫成老先生，

* 閉鎖修道院：不和外界往來的修道院，僅接受所屬成員出入。

後來發現好像叫錯了，滿臉不好意思。

不染頭髮也已經過了 15 年左右，
現在，更多人稱讚我的一頭白髮很酷。
是老太太又怎樣？是老先生又怎樣？
接受自己本來的樣子多舒服哇！
這不就是真正的自由嗎？

關於媽朋兒

媽朋兒是「媽媽朋友的兒子」簡稱，

指的是家庭、個性、外表各項條件都完美的類型。

我經常勸身邊的人

不要使用媽朋兒這個詞。

「媽媽朋友的兒子」就如同字面上的意義，就只是

媽媽的朋友的兒子。

為什麼要把世界上最重要的親生孩子，

拿去和別人比較，相形見絀呢？

在用「媽媽我朋友的兒子啊……」這句話

摧毀孩子的自尊心之前，

我想跟各位媽媽說，要先觀察

那個孩子的媽媽在什麼環境下養育孩子，

又是用什麼樣的態度對待孩子。

在拿我的孩子和朋友孩子做比較之前，

先比一比我和我朋友吧！

其實根本也沒有做比較的意義，因為她是她，我是我。

如果孩子對你說「我朋友的媽媽怎樣怎樣……」，

表示他羨慕朋友的話，你們會做何感想？

當父母的自尊心見底，

就會開始將孩子和其他人的孩子做比較。

開始比較的瞬間，眼紅、羨慕、忌妒之心油然而生，

心成了地獄，走向不幸的荊棘路。

世上所有人都有自己的獨特性。

當你能夠認可自己的獨特性時，方能形成個體。

如果從小受尊重長大，別人也會尊重我們。

每當我聽到媽朋兒這個詞時，

真想拿著一塊牌子，寫「韓國的所有家長，

請使用可以培養孩子自尊心的稱呼」，

推動「禁止稱呼媽朋兒運動」。

義大利文中，養育者是這麼稱呼被養育者的：

Mia Stella，中文意思是我的星星！

Mio Amore，我的愛！

Mia Gioia，我的喜悅！

Mio Tesòro，我的寶貝！

好不溫暖哪！

「你是世上最重要的人」

「因為有你，所以星星升起，所以有了珍貴的寶貝」

被稱為愛、寶貝、喜悅等，

孩子們的自尊心自然高昂。

別提媽朋兒，而是輕喚「我的愛」、「我的星星」、

「我的寶貝」、「我的喜悅」，

從小聽著這些話長大的孩子該有多麼開心。

不久前我讀了一篇電影賞析，在上面劃了大大的重點。

「與人比較會偷走人生的幸福」*
想要進步，要比較的不是別人，
是昨日的我。

---

* 這句話應是引用自美國前總統老羅斯福之言「比較是偷走快樂的小偷」。

✦ 三名導師教我的事

我非常喜歡「導師」這個詞給人的

舒適、寬容、信賴、溫暖的感覺。

只要聽到導師這個詞，就讓我想起夜晚海上的燈塔。

導師就像是在漆黑夜晚的大海為航行之人

帶來安定與安慰，

並指出航海方向的燈塔。

我的人生也有幾位導師。

（當然，我家的長輩們也是導師）

其中一位就是馬蘭戈尼學院的布拉佳老師。

輕快的腳步、簡單的皮鞋，

捲起袖子的白襯衫、黑色寬褲、

厚厚的皮製腰帶、大大的蜻蜓眼鏡、

雙手手指上滿是戒指，和鏗鏗鏘鏘發出聲音的手環。

一開始見到這位老師時，我感到彷彿電流貫通。

布拉佳老師是在米蘭中產階級家庭長大的女性，

別說懂得穿衣服，

對人的態度同樣不失格調。

想知道氣質要如何培養，

只要見過老師就會知道。

從 43 年前第一次見到老師後，

到現在我們都一直維持深厚的情誼。

老師是我人生的領路人，

有時候像朋友，有時候又像母親。

布拉佳老師說

「明淑妳當設計師太保守，

當教設計的老師又太感性了，

大概一輩子都會在這之間左右矛盾吧！」

果然是我的導師，一針見血。

另一位導師，

是我最要好的高中朋友的母親。
無論用世人的標準，還是我的主觀標準來看，
她都是養育出優秀七兄妹的人，非常厲害。
她出生於 1920 年，經歷過韓國每個動盪的時代，
我卻很少看到像她仍然這般有氣質的人。

穿著簡單，卻是俐落有型。
不知道是不是養育七兄妹累積的功力深厚，
無論吐露什麼煩惱，她都能流利給出答案。
她的想法自由奔放，也是溫故知新的典範。
她教導子女要保持進步的姿態。
不管聊什麼主題，對談之間從未流露古板的氣息，
並且令人不得不感嘆她的想法是如此有彈性、有深度。

我非常尊敬那個朋友的母親，
甚至讓我很想經常去她家拜訪。
也許這是在女兒朋友面前自然呈現的樣貌，
但就連朋友也說她從來沒看過母親
顯露出怒氣的樣子。

總是用舒服的語調，慢條斯理、有氣質地說話，

她是真正的大人，是我想要仿效的大人。

另外一位，是我最要好的義大利朋友的母親。

她幾乎像是我的乾媽，但可惜在兩年前蒙主寵召。

我還記得朋友介紹我是「在教堂認識的朋友」時，

她溫暖地擁抱我，笑得那麼仁慈。

那份仁慈對任何人都是一樣的。

她親身示範什麼叫做

貴族的義務。

比如招待客人時該如何準備餐點，

米蘭的體面階級是如何恭敬對待長輩，

又是如何體貼對待晚輩，

她身體力行，以行動證明。

到了晚年，她把事業交給女兒們後，

投身幫助弱勢族群的福利活動。

當她知道我去非洲做志工服務時，

也曾贊助大筆的愛心基金。

我問她關於子女、關於信仰的問題等，

問了所有我碰到的問題。

但唯有一項，是關於夫妻之間的問題，

她卻不願給我想要的答案。

因為她生於 1920 年代，對於男女該扮演的角色，

仍帶有偏向男方立場的思考方式。

我待在米蘭時正好聽到她過世的消息，

幸而得以參加她的追思彌撒。

當時的感動至今仍難以忘卻。

曾經受過她援手的所有人大老遠趕來

真心惋惜她的離去，多麼神聖的光景呀！

來自祕魯的未婚媽媽、修道院的修士、

育幼院的院長修女等

聚集在追思彌撒的人，不分男女老少、地位高低。

我從馬蘭戈尼學院的老師身上學到

對待學生的方法、出社會後待人處事的方法、打扮的方法，

以及培養興趣和教養的方法；

從朋友的母親身上學到對待子女的方法、
照顧周遭人的方法、做家事的方法；
也從義大利乾媽身上學到做志工的方法、
對待比我弱勢的族群的方法。

導師的英文 mentor 一字起源於希臘神話。
希臘伊薩卡（Ithaca）王國的王——奧德修斯（Odysseus）
在特洛伊戰爭出征前將兒子特勒馬科斯（Telemachus）
託付某個朋友，請他好好照顧，
那個朋友的名字就叫做曼托爾（Mentor）。
mentor 一字被當作是引領人生的指導者，
也是聰明又值得信賴的諮詢者、
分享智慧的老師。

我能有這麼好的人生導師，是人生之幸。
我也希望能夠成為某個人的人生導師，
不知道這是不是持續努力就能做到呢？

✦ 比起特權，我選擇自由

光是聽到、讀到
「自由」這個詞，
彷彿心靈的插銷就自然解開，
一陣涼爽的風直撲而來。

1980 年代後半，我 36 歲時，
當時最有名、規模最大的綜合流行服飾公司
表示希望聘我為顧問。
我的一個學生是那家公司的設計師，
正是他向公司推薦我當顧問的。
公司問我是否能夠
從早上九點上班到下午五點。
我回覆這可能有困難。

當時我的情況不僅無法每天上下班，
也不想放掉大學的授課，

最重要的是，我想繼續做表演服裝。

公司的會長要我提出任職條件，

我跟他說一週上班三天。

爽快答應條件的會長

突然問起我的公務車。

他表示公司常務理事等級的高階主管

都配有韓國國產的高級轎車，

甚至會另外配司機。

而且我是常務等級的顧問，

還特別讓我選車款和顏色。

從未預期的禮遇著實讓我驚慌。

有專用司機，當然上下班就很輕鬆了，

坐在後座可以讀書、整理資料，

隨便列舉優點都有一大堆。

但是接受安排專用司機，也有可以預期的缺點。

如果我在這邊工作，

就是約聘職，要以一年為單位重新續約。

要是工作太辛苦或不滿意，

一年之後我也可能辭職，

但是如果每天坐司機開的車，習慣於那份舒適感，

辭職之後，大概會很難忍受不方便的感覺。

我思考了一段時間後，

鄭重回絕了公務車的條件。

會長很驚訝地問，

「通常都是主動要求配車，

甚至問能不能給更大一點的車，

您為什麼拒絕呢？

如果是不滿意車款，可以直說。」

我告訴他回絕的理由。

「這不是我可以享受一輩子的好處，

如果有一天我必須要把這種奢侈還回去，

那不如一開始就不要習慣有它比較好。

任職期間我會盡全力為公司利益服務。」

家裡長輩一直以來都說，

做人要知道分寸，才不會招來橫禍，

鴉雀想趕上腿長的白鶴，只會跑斷腿 *。

之後我進了公司，認真地、開心地工作，

一直到我想離開時，就果斷離開了。

不帶一點眷戀，我變得自由。

直到 70 歲之前，

我和許多政府機關、一般企業共事，簽過無數合約。

合約上的業主總是被稱為「甲方」，而勞工是「乙方」，

經常讓我覺得勞工不被當作是一個主體，受應有待遇，

而是被當作一種工具。

我一直覺得心裡不太舒服。

合約條款中，

乙方的責任和義務不總是比甲方多上好幾倍嗎？

＊　韓國俗諺，意指東施效顰、不自量力，終究會蒙受損失。

所以每回簽約時，

用俗話講，我覺得就好像要去給人家當下人。

所以我很認真地想，

「就算我是乙方，有沒有辦法讓我可以感到更自由呢？」

而這就是我的結論。

給我的價值費用打一點折扣。

把自己賣得便宜一點，然後盡全力工作。

那麼就算我無法站在比較優勢的一方，

我想也可以站在平等的位置上發聲。

我們也需要可以理直氣壯說出

「和我領一樣薪水的人當中，沒人能夠做到這個程度」

的能力。

「所以是要我們自己砍薪水的意思嗎？」

「這有點太不食人間煙火了吧？」

有些人這麼質疑。

「如果可以薪水領得還可以，

同時又能保有自由不被他人掠奪的話，

就給自己的價值費用打個折扣吧！

別多領了錢，卻讓我的自由被奪走。

尤其是以後辭職會感到捨不得的特權，

更是不要拿。」

我想這麼回答。

有一本書叫《活出意義來》*

作者維克多‧弗蘭克在納粹集中營倖存下來，

在極為艱難的情況下仍然沒有放棄自由。

就算失去所有，也沒有失去自由。

自由就是如此珍貴，能夠讓我活得像自己的。

---

*　*Man's Search for Meaning*，作者 Victor E. Frankl 出生於貧窮的猶
太家庭，後來成為精神官能學及精神分析學教授。

✦ 給不婚主義者

我雖然因為父母親的專制，很早就結婚了，
但其實本來我是不婚主義者，或晚婚主義者。
結了婚之後，
才知道辛苦，就像綁著沙包跑步般。
因為我必須同時兼顧工作和家庭。

所以當有人問我不婚和結婚哪個比較好，
我沒辦法叫他們二選一。
只能小心地建議，
是不是把「到死之前都不婚」的誓言先收起來比較好？

身邊的友人偶爾會跟我說他們的煩惱。
說自己的孩子放話不結婚，該怎麼辦？
我是這麼回答的。
別刻意讓他們結婚，交給孩子們自己選擇。
有時幸福的不婚主義者反而比不幸的婚姻要好，

時候到了，孩子們自然會自己選擇。

現在的年輕人見多識廣，也很有智慧。
也許是因為這樣，基於各種理由他們選擇不婚。
可能有就業問題、房子問題、子女養育費用等現實原因，
很難說究竟是哪一項讓他們選擇不婚。

我的朋友中有一個宗家 * 兒子。
他看著自己的母親一年有十次，幾乎是每個月
都在準備拜拜的模樣後，宣告自己不婚。
「我沒信心可以在 21 世紀找到跟母親一樣的女子，
也沒勇氣像父親一樣霸道，理直氣壯
要求妻子每個月準備祭祀。」

誰能說這個兒子是不孝子呢？
他是聰明又有想法的年輕人。

---

* 　韓國傳統文化中，由家門的長子世代傳承的家庭。宗家的男主人和
　　女主人必須負責家門的各項傳統祭祀及聚會。

如果宗家的長孫、長孫媳，

都能一起享受準備祭祀的工作，

當然是最好，

若不如此，婚姻生活就是受罪。

我們來想想結婚的客觀定義吧。

不就是遇見某個異性，宣布只和該名異性有性生活，

生孩子並組織家庭的宣言嗎？

又或是兩個相愛的人相遇，

決定不生孩子，一起生活一輩子的決定嗎？

這是一個如此重大的人生決定，

誰有資格說三道四呢？

我們都是被邀請到地球某一角落的生命體，

來到這裡並不是為了達成傳宗接代的目的。

所以只要認真享受生命，時候到了就走。

為什麼一定要留下自己曾經來過的痕跡呢？

「拜託請放過我，讓我可以照自己選擇的方式活。

地球上已經消失的文化、種族、國家多得是啊！」

如果不婚主義者這麼說，國家會怎麼回覆呢？

假設因為結婚率和出生率減少，

韓國現在面臨要滅亡的命運，

可這個命運怎麼能夠叫年輕人負責呢？

我不想把傳宗接代、振興民族如此重大的責任和義務，

全部加諸於年輕人身上。

其實想想，傳宗接代是人類的本能，

我們不是應該要去瞭解究竟是什麼原因抹煞了本能，

然後彼此互助合作，創造一個更好的環境嗎？

我有些話很想問不婚主義者。

你要用什麼填補漫長人生？

你的生活想要經歷什麼？

你的人生目標清楚嗎？

像修道士一樣，為了造福他人

而選擇不婚的人生，我尊重並且尊敬。

我想問不婚主義者，

是否也有這麼明確的哲學理念。

我也有些話很想告訴不婚主義者。

單身、結婚⋯⋯

我希望你們不要想著二選一。

我希望你們可以把注意力放在是否有了心愛的、

想要和對方過一輩子的人，

是否想要相愛且幸福。

一個人生活也好，一起生活也好。

不一定要結婚。

但是，生孩子、呵護養育孩子的經驗，

是珍貴到任何東西都無法比擬的。

不久前離世的法國傳奇時尚設計師

皮爾・卡登 * 也這麼說：

「沒有孩子是我最後悔的事。」

但是如果沒有信心生孩子，負起責任照顧，

那就不要生孩子。

---

* 　Pierre Cardin，義大利裔法國服裝設計師。

因為把我的不幸傳給孩子是不可以的。

在說出皮爾‧卡登那樣的話之前，
我要先回顧反省自己。
是不是我，還有社會的長輩們，
毀了這個世界，
害得年輕人去抑制傳宗接代的本能呢？

✦ 可以選擇的事
和不能選擇的事

很多事無法隨心所欲。

比如選擇誰當我們的父母、選擇國籍……，

構成自我的所有元素中，幾乎沒有什麼是我們能夠選擇的。

就連選擇哪天死去也是。

當然，也有自行選擇結束生命的悲劇。

我們可以選擇移民取得外國國籍，

可是出生時的國籍仍是無可奈何。

有人出生於富裕國家，

到哪個國家都受人歡迎；

有人卻因為出身貧窮國家的一員，

在地球村處處受到輕視。

看見乘坐一艘小塑膠艇，拚死拚活來到歐洲，

四處乞討的難民時，

一股沒有對象宣洩的憤怒湧上，甚至感到無力。

因為我知道，
沒人想要選擇這種人生。

膚色、父母、國籍，沒有任何一項選擇權的人，
想要計劃自己的末來，
決定賭上性命，著實令人敬佩，甚至是心生敬畏，
但一想到我能做的事只有用手上的幾分錢幫忙，
實在令人氣餒。

我在義大利時，
有幾個非洲朋友和菲律賓朋友。
其中一個是在我經常去的超市前乞討的，
來自奈及利亞，大學畢業的乞丐。
即使他向人乞討，也不流露卑賤氣息。
有一天，我主動問他
以後你有什麼計畫，
打算這麼過到什麼時候。
他回答我
「奈及利亞沒有工作機會，我為了找尋更寬闊的世界

來到這裡。謝謝上天。如果存夠錢，

我打算去像瑞典那樣時薪高的地方。」

他用充滿希望的語調說。

「賺到錢之後我要寄回家鄉。千里迢迢來到這裡的過程中

也有同伴犧牲了，我真的是幸運兒。」

看著當時眼角泛紅的他，我也肅然起敬。

另外一個朋友來自菲律賓，

他是清潔工，負責維護八個地方的整潔衛生。

他大學英文系畢業，

有一對雙胞胎女兒和一個兒子，

是養育三名子女的一家之主。

他總是笑臉迎人，

我問他累不累，他的答案總是很簡單。

「我工作可以讓家人幸福，已經很滿足了。」

我問他在義大利的生活如何，

他給了我一個像哲學家的回答。

「我不想為了我無法選擇的東西費神受苦，

因為我解決不了。

我想要好好選擇我能夠選的，

盡全力過下去。

就算再晚，還是能和我親愛的家人吃上晚餐，

我很珍惜這樣的生活。」

奈及利亞朋友和菲律賓朋友，

給我上了不曾思考過的、寶貴的人生一課。

不要抱怨一開始就無法選擇的東西。

這是最簡單最平凡，卻又最不平凡的真理。

尚－保羅・沙特 * 不是這麼說嗎？

「人生是 B（birth）和 D（death）之間的 C（choice）。」

是啊，所以別執著於我無法選擇的事物，怨天怨地，

深思熟慮選擇我能夠選擇的事，

別後悔自己的選擇吧！

我的幸福要自己守護下去！

---

* Jean-Paul Charles Aymard Sartre，當代法國著名作家及存在主義者。

✦ 三豐百貨事件
改變了我的夢想

做一個具體的夢，

會成為愉快生活的養分。

我總是有夢想。

青年時有自私的夢，

老年時有利他的夢。

這麼一寫，

讓我想起馬丁・路德・金恩的名言「I have a dream」。

小時候我夢想成為時尚設計師。

雖然沒有用我的名字自創品牌，

但是我也在時尚產業很多地方工作過，

我想這個程度應該也算是實現夢想了。

其實小時候我還有另一個夢想——

我想成為護士或優秀的慈善事業家，

照顧生病或處境艱難的人們。

想成為時尚設計師的夢想是自私的夢想，

是基於想克服外表不漂亮煩惱的欲望而生的夢想；

想成為護士或慈善事業家的夢想則是利他的夢想，

是因為從小開始經常接觸到

一些處境艱難的人們而產生的夢想。

在時尚界工作到後來，當我正在思考日後的人生

要如何過下去時，

1995 年 6 月，我任職的三豐百貨公司倒塌 * 了。

我沒辦法控制情緒。

一夕之間我上班的地方就不見了，

而去了天堂的人之中，

也有和我一同工作的同事和同學。

倖存下來的安心、對罹難者的歉意……

但這不是單純一句傷心就可以帶過的。

* 1995 年位於韓國江南一帶瑞草洞的三豐百貨公司在無遭受天災或外
　力情況下突然崩塌，10 秒內五層樓高的大樓就陷入地下四層，導致
　502 人罹難，937 人受輕重傷，是韓國戰爭外死傷最為嚴重的事故。

如果蓋那棟大樓的當事人在我旁邊，

真的很想揪住他的衣領質問，

問為什麼要蓋一座這麼不堅固的大樓。

我不僅想做五光十色的華麗產業工作，

也想做做完全相反的工作。

在大兒子動大手術時，我在手術房前面

跪求上天庇佑，現在我下定決心要執行那次許下的承諾。

所以我的 50 多歲、60 多歲的時光，

都在社會福利機構從事志工服務度過。

我也取得了安寧照護證照，

為了某一天身邊的人即將離去時，也許能派上用場。

雖說是志工服務，其實倒不是服務，是我的興趣。

服務是為了他人而努力的行為，

而我與其說是投入相當多的精力，

其實是自己訂出時間，

完全是因為喜歡而到育幼院去的。

所以與其說是志工服務，用興趣來表達更適合。

去的路上很開心，到了也開心，回來的時候也很開心，
還有比這更棒的興趣嗎？

將近 25 年間，我在努力布施過生活後
體悟到很多事情——
我以前真的是很不懂事的大人。
親眼看見身處困境的孩子們
想要培養夢想、懷抱希望，
有多麼不簡單，
我該做什麼事，也就愈來愈清楚了。

假如我的財力夠充分，
很想創立慈善基金會照顧被遺棄的孩子，
但我只能做到準備他們的點心和玩具，
未來還有很長的路要走。
到了該離開育幼院年紀的青澀少年少女，
我很想挪出肩膀讓他們依靠，
但是我只能為少數幾個孩子這麼做，力量依然微薄。

以前韓國有句俗諺說「牛也要有山坡，方能磨蹭止癢」。

讓兒童和青少年不悲觀看待自己的處境，

幫助他們培養夢想、精進能力，是我現在的夢想。

如果過去我做出美麗衣裳，

現在我想為創造美麗世界貢獻一己之力。

詩人愛默生 *

在他的詩作〈何謂成功〉中這麼說：

「讓世界變得好一丁點再離去，

因為有你這個人，

而讓至少一個人的人生變得幸福，

那就算成功了。」

* Ralph Waldo Emerson，美國哲學家、詩人，是確立美國文化精神的代表人物。

想蛻變成天鵝的醜小鴨

小時候我的母親
買了新衣服讓我穿上後總是說
「妳太瘦了，臉又小，
穿了新衣服看起來也不怎麼樣。」
有時和我哥哥吵架，
他就說「大嘴巴的女生哭起來就跟鯰魚一樣」。

每當他們這麼說，
我就想起安徒生童話裡的〈醜小鴨〉，
想著「我一定要變漂亮，我要從醜小鴨蛻變成天鵝」，
然後對著媽媽噘嘴。

大約是要上國高中的時期，
我想就讀制服漂亮的學校。
但是嚴格的父親說
「明淑要當賢妻良母」，

所以讓我念以校風嚴格聞名的學校。

問題是，那間學校的制服完全不漂亮。

想把女兒變成賢妻良母的父親態度堅決。

「我想成為有很棒職業的帥氣女子……

我得從醜小鴨變成天鵝……

結果說什麼賢妻良母？」

完全想像不出來。

去念哪一所國高中最後仍是服從父母決定，

但決定念哪所大學時，我想了很久。

雖然父親強烈勸我念女生多的家政系，

畢業後就嫁人，

但是我不斷說服父親。

這次我要反抗父親的意思……

不過假如這次我沒有考上，那以後我都聽你的……

開出這個條件後，最後

我選擇了只有女生的藝術學院。

幸好沒有失敗，成功考上藝術學院。

（父親！雖然您是我很尊敬、很愛的父親，這個問題

實在是讓我很悶哪！）

在念美術系的四年，我盡情打扮，
四處尋找美麗的事物。
我解開國高中時期被煩悶校服束縛住的渴望，
為了從醜小鴨變天鵝，
我四處碰撞。

大學一畢業，我就結婚，
甚至去米蘭留學。
回來以後每天過著忙碌的日子，
不知母親是否看忙得團團轉的女兒可憐，
有時候會來照顧我的兒子——也就是她的孫子。

我還記得當時母親的話。
「明淑啊！看了妳在看的義大利時尚雜誌，
那裡模特兒的嘴唇都很像妳的嘴啊！
以前妳小時候哭的時候，我總是只看見妳的嘴巴，
想著『我女兒長得這麼醜怎麼辦，要怎麼嫁人啊？』

現在看妳，我想妳應該是長在時尚的最前端吧！」

「哎呀！母親，真謝謝您。
預知大嘴巴的女生也會被人稱讚是美女，
把我生成這樣。
是您的取笑把我引領到現在這條路。」

雖然我曾經認為自己是醜小鴨，
卻因為更咬緊牙關努力，才有現在的我。
希望這片土地的年輕人們，
不要像當初的我一樣，被全天下笑長得醜。

加油吧！
你不是醜小鴨，而是潛力鴨，
因為光是存在於這世上，就是夠美好的人了！

✦ 別活得像交作業，
要像享受慶典

沒有人可以獨自生活，大家都要和他人相處共存。

但是我想在後半句加上「雖然」兩字。

尚－保羅・沙特說過，

「他人即地獄」。

有時獨自一人很平和，

一起則反而很可怕。

一結婚後，長輩們對我說

「結了婚，就要生孩子啊」；

生了第一個孩子後，長輩們對我說

「哎呀，孩子至少要生兩個啊」；

生了老二之後，心想「長輩們應該不會再提孩子了吧？」

但是呢？

「只有兩個兒子的話，以後老了會很寂寞。至少要有個
女兒吧？」

「啊！」當時我在內心吶喊。

很想把孩子一個個輪流交給那些

說得彷彿我的人生是個錯誤似的，

好像他們能夠教我什麼了不起的人生祕訣似的，

你一言、我一語的長輩們。

「長輩們，拜託一下！

您又不會幫忙換尿布，

也不會幫忙煮副食品，

不過是偶爾見個面，逗弄一下孩子的人，

為什麼要這麼多管閒事？

我的孩子我們會自己看情況好好生養，

老來寂寞也是我自己寂寞。

那您們生了很多孩子就不寂寞了嗎？

這麼處處干涉，看樣子是滿寂寞的吧？」

結婚前我一直很希望不要拋棄夢想，

過實現自我的人生，

當時我的先生（以前的追求者）是這麼說的──

「不生孩子也沒關係」。
然而結婚後先生的態度變了。

強迫我過和別人一模一樣的人生，
不知道是不是被長輩們洗腦了，
還是真的羨慕有兩個子女的朋友，
他說想要再生一個孩子。
本來堅持不從的我，最後眼睛一閉，
又生了孩子，又是個兒子。

當然，現在我很滿意有兩個兒子。
他們都長大成人，謹守分內，走自己該走的路，
實在是感激不盡。
那些氣喘吁吁、腰都挺不起來的時光
已然成為過去，如今輕鬆萬分。

時代已經改變了，
每當看到那些依然對年輕人說著過去我聽過的臺詞
的老人家，

真的很想告訴他們不要再說了。

長輩們，在這裡鄭重拜託了。

如果真沒有話題和年輕人聊，乾脆就聊天氣吧！

要不然就找優點，稱讚他們吧！

請讓他們可以開心走自己判斷、自己選擇的路，

為他們加油吧！

您又不會替他們負責不是嗎？

您又不會幫他們分擔該做的事，不是嗎？

請認清這個社會是不斷在變化的。

生兒育女固然好，

但如今的人生面貌百百種，

如果您很想用過去的思考模式嘮叨，拜託請忍住。

為什麼硬要將年輕人塞在既定的框架裡呢？

做不適合自己的事情會變得不幸，

請別強迫他們過不幸福的生活。

讓他們輕鬆過人生吧！

以前老一輩的人生總像交作業似的，

就讓現在的年輕人過得像慶典吧！

弄清楚界線在哪，不要輕易越線，

才是真正的大人。

聽說在當今世代，要成為大人真的不簡單。

✦ 童 年 回 憶

有一天，我和小學二年級的同班同學見面。

因住在同一條巷子而起的特別緣分，

到幾乎維持一輩子的友情，那天我們紀念了這份情誼。

首先去的，是畢業 57 年後第一次回去的小學。

曾經廣闊的操場，

居然小得像《格列佛遊記》裡的小人國。

我們用巨人的腳步走在小學操場，

那時的回憶像水彩畫一般浮現在眼前。

我小學二年級時韓國發生 419 革命 *，

小學三年級時發生 516 軍事政變 **。

---

*　起於 1960 年 3 月的學運暨民眾抗議事件，在 4 月 19 日達到最大
　　規模，對南韓的民主發展具重大意義。

**　1961 年 5 月 16 日，韓國陸軍朴正熙少將發動武裝軍事政變，開啟
　　長達 27 年的強人統治。

因為還小，當時不明白 419 革命和 516 軍事政變
意味著什麼，
只記得叫我們趕快收拾書包回家的
班導師臉上沉重的神情，
我也不由得一陣恐懼。
雖然我很努力豎起耳朵，聽了
鄰居阿姨和我母親交談的內容，
但還是不懂詳細內幕，
只知道當下好像發生了什麼可怕的事情。

幼年經歷過的這些經驗，
變成內在的我產生恐懼的因素。
一直困在恐懼牢籠中，直到大約 40 多歲吧，
當我和在心底根深蒂固的恐懼周旋時，
讀了克里希那穆提 * 的書，看見這一句：
「恐懼在我的心裡頭，
不在心以外的地方。」

---

* 　 Uppaluri Gopala Krishnamurti，印度哲學家、教育家。

突然明白了。

沒有人可以把我從我內心的牢籠中救出，

是我得自己從牢籠走出來。

門把就在我心裡頭，

所以客觀地說，我得自己轉開門把走出來。

如果我的心外頭有門把，也許可以接受其他人的援手。

但很可惜，現實是相反的。

當我能夠自己拋開自己的恐懼，

才能成為真正的大人。

和朋友一起走了操場後，

我們決定去結婚以前住的地方看看。

揹著重重的書包回家時，只覺得回家的路很漫長，

但和許久不見的朋友聊著說不完的話題，

沒兩下就到老家了。

46 年前這是我和父母住過的家，

現在住著我不認識的人。

住的人變了，但房子依舊是那個模樣。

老家就在那個位置、那個樣子，實在令人感激萬分，

喜悅之情不禁讓我鼻酸。

想念和不捨的情緒讓我好一陣子說不出話。
為了給家人一個溫暖的港灣，
父母親又跨過了多少重名為恐懼的障礙呢？
幼時不懂父母親的心，
以為他們無所不能，
只會央求他們的我，實在慚愧。

突然很想父母親，
也想起當我克服不了長得不好看的心結，
只是一味想要不同於人時，
父親給我這個女兒的教誨。

「只要有善心，盡力做，那就是妳的本分。」
「真正的勇氣是直視眼前的現實，不去逃避，
承認自己的過失並反省，
承認自己有所極限。」
「無論碰到什麼情況，都不要先發怒和做出反應，

等到好好瞭解情況後再做出反應才是聰明的做法。」
「無論何種情況下都要超然自得 *，把自己擺在人生的
中心。」
「一定要照顧生計困頓的人。」
「不曾和著眼淚吃下麵包 ** 的人，別和他們討論人生。」
「要讓錢自己來找人，
如果人去追逐金錢，就會變得卑鄙。」
「人類最珍貴的價值是至真至純的愛。」
**「再怎麼負面的經驗，妳的做法可以讓它只是屈辱的
過去，也可以讓它昇華為閃亮的月桂冠。」**

父親是窮困家庭的長男，小小年紀就一肩扛起家計。
回想他面對人生的姿態，

---

* 　韓國慶州富豪崔家有代代相傳「六然」和「六訓」。六然是守護自
　己的六項原則，六訓是守護家門的六項原則。超然自得就是六然的
　第一項，意思是「別執著於自己，要怡然自得」。

** 　此句出自歌德（Johann Wolfgang von Goethe）。意指不曾經歷
　艱難困頓的人，不懂人生真正的滋味。

這才終於真心體會以前他對我說過的話。

他建議我讀一讀美國詩人朗費羅的《伊凡潔琳》[*]和

莫泊桑的《項鍊》^{**}。

父親教我，別把生命價值寄託在物品或世俗上，

應該寄予更高之處。

突然很想乞求父親的原諒，告訴他

「從小聽著比古今中外聖賢所說還要更有智慧的訓誡，

我卻不明白其中價值，只是任意妄為，請原諒我。」

如果人生能夠倒帶重來

該有多好？

---

*   Henry Wadsworth Longfellow，19 世紀美國最偉大的浪漫主義詩
人之一。《伊凡潔琳》（*Evangeline*）是一首敘事長詩，主角伊凡
潔琳和加布里埃爾（Gabriel）新婚之日在混亂中失散，此後的歲月
裡都在苦苦尋找對方。

**   Henry-René-Albert-Guy de Maupassant，被譽為「短篇小說之王」。
《項鍊》（*La Parure*）是莫泊桑的代表作之一，以其極具莫泊桑風格
的大逆轉結局而聞名。

因為人生無法再來一次，
我只是反覆唸著成為我人生座右銘的祈禱文，
提起腳步從老家返回現實。

「請賜予我寧靜的心，好讓我能接受無法改變的事；
請賜予勇氣讓我去改變能夠改變的事，
並賜予智慧讓我能分辨可改變和不能改變的。
請讓我能好好度過每一天，
珍惜每個瞬間，
接受磨難是通往和平之路。」*

---

* 出自美國神學家雷茵霍爾德・尼布爾（Karl Paul Reinhold Niebuhr）
的〈寧靜禱文〉（Serenity Prayer）。

✦ 隨「身」所欲

泡菜、辣魚湯、番茄、義大利臘腸、

咖啡、綠茶、巧克力、提米拉蘇、馬卡龍、葡萄酒……

保健食品？長壽食品？預防痴呆的食品？

這些是我不能吃的食物清單，

因為體質和過敏的關係。

身為韓國人卻不能吃泡菜，各位能想像嗎？

因為我是韓國人，

小時候只要餐桌上有泡菜我都會吃，

那時候都是過了水才吃，

即便如此，仍是每吃必嘴破。

母親說是因為我身體虛弱、免疫力不夠

才會總是嘴破，要我長期吃維生素調養。

直到有一天，嘴破的症狀突然好得一乾二淨。

那是我和先生第一次到義大利，大約過了兩週的時候吧。

因為沒有泡菜，

不吃泡菜嘴巴就不破了。

「怎麼會！看來我身體都恢復了」，我自己下了結論。

之後，為了沒吃到泡菜就感覺不像吃過飯的先生，

費盡心思弄來蘿蔔和白菜，醃了泡菜後，

我夾了幾口試吃。

果不其然，嘴巴還是破了。

後來我有機會和醫生諮詢時，

他診斷我是「辣椒素過敏」，

真是無言。

一個韓國人居然有不能吃泡菜和辣椒醬的

辣椒素過敏？

難道我是天生西方人體質嗎？感覺也不像啊？

最後，我想「如果身體不喜歡，那我不做就可以了吧？」

所謂百歲時代就是要活得精神奕奕到 100 歲，

不是病懨懨地過。

我自然也不例外，因此經常找保健相關書籍閱讀。

然後就迷上了四象醫學 *。

那是進入中年的時候，大約 40 多歲，

已經是 30 多年前的事了！

我為什麼迷上四象醫學，

是因為這對理解食衣住行等現實生活很有幫助。

很久以前在西方也曾有學者發表陰、陽類型

區分穿搭風格的理論，

因此我覺得更有趣。

陰型的英文是 yin，這個體質的人

適合穿溫暖色系的衣服；

陽型 yang 體質的人

適合穿冷色系的衣服。

---

*　朝鮮王朝末期，醫學家李濟馬創立以四象為綱的「四象醫學」，將
　　人的體質分為四個類型。也可以將原先太陽人、太陰人、少陽人、
　　少陰人四種體質再各自分為兩種，變成八種體質。太陽人分成金陽
　　和金陰，少陽人分為土陽和土陰體質，太陰人分木陽和木陰體質，
　　而少陰人則分為水陽和水陰體質。

這和近年在韓國流行的冷色型、暖色型是一脈相承的論調，

我也試著把我和先生的情況套入四象醫學，

結果真是神準無比！

先生在大熱天也蓋棉被，

只要喝了冰啤酒、吃冷麵，馬上就拉肚子。

酒也要喝熱的，湯也只喝燙的 *。

他是不管吃什麼都要吃熱的，才不會拉肚子的陰性體質。

喜歡安靜地在房間裡讀書，

出外旅遊也喜歡可以找到韓式餐廳

或可以吃到白米飯的東南亞。

我則是完全相反的陽性體質。

因為體質燥熱所以怕熱，

幾乎不太拉肚子。

---

* 韓國飲食文化中有冷湯料理，尤其夏天或吃辣的食物時，通常會搭配冰涼的湯一同享用，比如小黃瓜冷湯、黃豆芽冷湯、水冷麵、豆漿冷麵等。

喜歡冰涼的啤酒，

所以去到有好喝啤酒的德國或英國、北歐，

就好像回家一樣舒適自在。

很多想做的事，好奇的事情一籮筐，也有很多想去的地方。

吃不下泡菜，也不會想念白米飯。

總歸一句，對陰性體質好的，對陽性體質就是壞的；

對陽性體質好的就對陰性體質不好。

直到我們瞭解彼此體質差異，

夫妻之間不再吵架，已經浪費了太多時光歲月。

在研究四象醫學的過程中，

我也找到了我們夫妻倆的相處之道——

「各自，又一起」。

小時候，我把做得不怎麼好看的衣服幫娃娃穿上，

自己心滿意足，手舞足蹈，長輩看到了說

「唉唷，明淑今天真是隨『身』所欲，開心得不得了啊！」

「隨身」，指的是「隨著與生俱來的身體」，
很棒的字句。

如果能夠隨著與生俱來的身體，

各自，又一起自由自在地相處共存，該有多美好呢？

✦ 煩惱愈來愈多的銀髮網紅

最近的我很不知所措，
踏出家門的瞬間就開始緊張。
因為我是小有名氣的網紅。

「謝謝您拍攝 YouTube 影片。」
「我想跟您合照。」
「我也是艾蜜奇 *。」

不知道何時何地會有人來跟我打招呼，
所以準備外出時總會再檢視一下衣著。
即使有不開心的事或心情不佳，
我也盡量擠出平靜溫暖的表情。

---

* 　義大利語 amici 的音譯，「朋友們」之意，是作者在自己的 YouTube
　　頻道「밀라논나 Milanonna」對粉絲的稱呼。

「成了不在人生計畫裡的 YouTube 網紅之後，還能聽到
這種稱讚啊！」
看著替我加油的留言，
嘴角不禁上揚，無盡感激湧上心頭。

有時候我說的話沒有那個意思，
卻被曲解時，心頭一角也會不禁刺痛。
因為我是看遍風雨的老奶奶，
碰到這種情況就愈要鼓勵我自己，
別被利刃般的話語刺傷，
也別忘記暫時進入冥想世界。
再次回頭檢視不夠成熟的我。

聽到好的稱讚時，
我依然會不好意思，反倒讓我再回頭檢視自己。
究竟老一輩的人讓年輕人有多麼失望，
才會讓他們給我這個無趣的老奶奶，
冠上人生導師這麼崇高的稱號呢？

老一輩怎麼沒能將東方禮儀之國、長幼有序的美德

聰明地延續到現代社會，

反而被人家稱作是「老古板」，

受人指責呢？

身為 YouTuber 網紅，我有愈來愈多要研究的話題了。

只要我認真地思考，冷靜地檢視，

應該就會有答案了吧？

精打細算
過 24 小時

24 시간을 알뜰히 살아볼 것

充實 충실

✴ 每天都散步

已經 15 年，每天我都花一個小時以上散步。

無論飄雨、下雪

一定會踏出家門散步。

「今日也要繼續踏上這無盡的路途」*

綁鞋帶時我都會自然地哼起這首歌。

年輕時我不怎麼喜歡走路，

動輒拿累了當藉口，經常搭乘計程車，

現在則是差不多的距離都用走的。

不知道是不是因為走得夠多，

所以經常聽人們稱讚我走路姿勢端正，

說我抬頭挺胸，很好。

我之所以開始每天散步，有一個故事。

***

* 　〈流浪者的悲哀〉，趙京煥作詞，李在鎬作曲，白年雪演唱。

15 年前某個早晨起床時，

我感覺從右邊骨盆到腿，一直到腳後跟，

好像螞蟻在爬似的癢，又好像有針刺般的痛。

這是怎麼了？因為擔心所以去了一趟醫院，

醫生說我是脊椎滑脫症*。

我問該怎麼辦，

「這是先天缺陷，通常年輕的時候不會發現，

等到身體開始老化之後才會出現症狀。

不算是很罕見的案例。」

骨科醫生這麼回答。

聽到不是只有發生在我身上，感覺比較不那麼糟。

「要是這塊稍微錯位的骨頭整個移位，

甚至會導致下半身癱瘓，

那就可能要動手術打骨釘固定了。」

可是聽到醫生這麼警告，感覺很不安。

---

* 　Spondylolisthesis，椎體往前或往後位移，最常發生於腰部。

醫生說沒辦法完全止痛，

最多只能加強腰部肌肉。

醫生的處方是，

行得正，

坐得正，不要讓骨盆歪掉，

不要提重物，

不要長時間維持一個姿勢坐著，

不要翹腳。

最令人絕望的叮囑，

就是必須避免搭長途飛機。

我還在工作時很常搭長途飛機，

不過大部分都是為了出差，時常覺得可惜。

現在才成了自由之身，可以經常旅行，

正想要輕鬆啟程時，

醫生竟然要我避免長途飛行！

我努力回神，詢問醫生是否真的無法完全治好。

「那您就每天固定花時間走路吧！

如此一來腰部肌肉就會有力，可以減少痛楚。」
聽了這個回答，從那時候起，
我就開啟了散步一輩子的計畫。

為此，我最先整理了鞋櫃。
挪出那些能讓穿搭更有型的高跟鞋，
把它們送到和我兩腳尺寸差不多的親友家。
也把適合搭高跟鞋的裙子送人。
開了七年的車子也賣了。
賣車得來的錢我匯到非洲喀麥隆，
用來照護失親兒童。

接著我開始尋找家裡附近適合開心散步的場所。
想了很久，散步時能不能同時做好幾件事呢？
最後我決定先到地鐵站，然後走路。
可以的話，我都會搭地鐵到約好的地點，
然後在原本的地鐵站前兩站下車，
大約走上 30 分鐘。
回家時也以同樣方式走 30 分鐘左右。

這樣子就培養出每天走一個小時以上的習慣。

15 年來每天這麼走，最好的就是
腰部肌肉愈來愈有力，也可以長時間旅行，
只要我願意，也可以飛到米蘭了。
加上已經習慣晒著太陽散步，
雙腿也有力，姿勢也更端正，
骨質疏鬆症狀也好轉，
失眠症狀也有所改善。

2017 年春天我和義大利朋友
到西班牙的聖地牙哥旅行，
在那邊甚至有時一天走上八個小時。

我的座右銘果然是對的。
把絆腳石變成墊腳石！
別哭哭啼啼的，要勇往直前！
反正人生不就是無法後退，也無法重來，
只有一次的前進嗎？

✦ 在陽光下發呆

那天，上午難得地沒有行程。

我坐在客廳一隅，只是呆呆地晒太陽。

用年少時喜歡的坐姿，

什麼也不做，只是感受著陽光。

那個瞬間，我理解了古希臘哲學家第歐根尼 *。

亞歷山大大帝去找第歐根尼，

問他的願望。

「我希望你往旁邊挪一步，不要遮住我的陽光！」

我想起第歐根尼這麼回答，然後繼續發呆的故事。

「捨棄無用的貪念，

滿足於這個時刻，並且享受當下，

無愧於心的生活就是幸福。」

---

* 　Diogenes，犬儒學派代表人物。

他的這句名言讓我更有共鳴。

發呆時，

腦波速度會變慢，脈搏和心跳也會逐漸穩定，

恢復身心平靜。

當你有千頭萬緒，只要可以轉換為無念無想的狀態，

怒火、悲傷都會暫時緩解。

盯著營火發呆，

靜靜凝視森林發呆，

只是看著流動的水發呆，

傾聽聲音發呆，

韓國近來流行的發呆方式中，我想再加上望著陽光發呆。

這是最能輕易做到的發呆方式。

看著陽光發呆一陣子後，

我擦拭在陽光下看到的花草葉片上積聚的灰塵。

灰塵被徹底擦去後，青綠光澤更顯鮮明。

身心又感到被淨化。

有一陣子我工作忙得不可開交，

光是上下班就夠忙了，

更別說有時間看著陽光發呆。

所以現在可以看著、感受著

時時刻刻變化的陽光，無庸置疑地，我可以爽快地說，

啊，好幸福！

✦ 當時間管理者的方法

最近很多人開始注意到我，
新聞媒體的採訪要求也蜂擁而來。
但是我並沒有全部接受。
要把大大小小事情都曝光，於我體質不合，
而且我也會緊張，這不是我想要的。

看到和我的本性及想法不符的描述，
我往往會很在意。
其中，有一個字眼讓我耿耿於懷
在心裡犯嘀咕——
「時間貧乏者」。

這是某日報記者，把一天睡不到五、六小時，
努力工作的我，
簡稱為「時間貧乏者」來形容。
這個詞讓我有點不舒服。

（在此透過本書向報導我的記者致謝，

只不過「時間貧乏者」一詞，我還是想談一下。）

我不是「時間貧乏者」，而是「時間管理者」。

30、40 歲時我是兩個兒子的母親、一個男人的妻子，

是父母親的女兒、公婆的媳婦，

是大學教授、舞臺服裝設計師，

時尚設計師、時尚顧問、時尚專欄作家，

服飾公司顧問、百貨公司顧問兼採購。

真的是同時身兼多重角色。

那時候我想做的事情很多，好奇的事情也很多，

只能把時間切碎去做。

有天早上我在大學授課，

下午去看彩排，

為了檢查服裝設計去了韓國國立劇場。

另一天早上我去公司上班，

檢查下一季的系列服裝，

下午去大學授課。

行程如此忙碌，我幾乎跟計程車司機一樣，

穿梭於首爾大大小小的街道。

現在我知道哪間公司的口糧餅乾

最合我胃口。

因為沒時間吃午餐時，

我經常吃能夠方便在車上吃

又能填飽肚子的口糧餅乾。

身為夜貓子，晚上要晚睡不難，

但一大清早起床真是很大的考驗。

我經常睡眠不足，

養成了按照時間處理事情的習慣。

雖然那時忙得團團轉，

但我從來沒抱怨過時間不夠用，

反而覺得我是「時間的主角」。

當時宅配服務還不是那麼發達，

下班時我的雙手總是空不下來。

就算我計畫好一週菜單，一次買好食材，

還是難以負荷兩個兒子的食量。

「要怎麼樣才能更有效管理時間，

把時間放到最大呢？」

我只想著這件事。

我總是興奮地奔波來回，

做好被賦予的眾多角色時

滿心的喜悅。

我該扮演的多重角色，都要做得比別人好！

鞭策我的是這份自負，

緊湊的人生我樂在其中。

無論是貧是富，是女性或男性，是孩童或大人，

全世界所有人最公平享有的唯一一樣東西，

就是「一天」都是 24 小時。

人家說「昨天離世的人

最想看到的明天就是『今天』。

今天的我也絞盡腦汁，思考究竟該怎麼有效又充實地

運用每個人都能公平享有的一天 24 小時。

我喜愛的作家已故詩人皮千得＊的《緣份》一書中提到，

「偉大的人創造時間，

平凡人隨時間漂流」。

我雖不偉大，

但我的時間的主人，必須要是我自己。

我不是時間貧乏者，是時間管理者。

不過是個想精打細算地利用時間，

讓生活富饒多姿的

屬於我自己時間的主角。

＊　피천득，韓國著名詩人、散文家、英國文學專家。

✦ 滿足五感！幸福時光

晒著陽光，走了大約一小時的路，
再喝下 200cc 冰涼啤酒，
我的味覺好幸福。

結束一天行程，用溫水沐浴後，
穿上新睡衣躺在床上，
然後摸著剛換好的被套，
我的觸覺好幸福。

距離目的地還有一大段距離，再加上塞車……
但就在這個時候，常聽的廣播電臺
正好播了我喜歡的音樂，
我的聽覺好幸福。

打開還未整理的衣櫃，
從白色系、亮色系開始依序

排到暗色系衣物，

就像小時候第一次買的蠟筆一樣，

那時我的視覺很幸福。

經過家裡附近的咖啡廳，

飄來一陣咖啡香氣，

聞著那股香味，讓我想起心心念念的米蘭咖啡廳，

我的嗅覺很幸福。

聽覺發達的體質

只要聽到好音樂就會開心，

對噪音反應敏銳；

嗅覺發達的體質，

只要聞到花香，嘴角自然上揚，

而味覺發達的體質，

吃到美味料理時心情自然變好。

所謂幸福，不就是當我的五感被滿足的時刻感受到的嗎？

生活中要有餘裕專注於自己的身體，

要觀察自己、愛自己到

可以瞭解我的五感之中最發達的是哪裡，

才能經常感受到幸福。

別光動腦筋過生活，要用全身去感受。

懂得安慰自己的身心，才能變得幸福。

還有一件非常特別且重要的事！

實踐古羅馬詩人賀拉斯（Horace）詩作

《頌歌集》（*Odes*）中的 carpe diem——

活在當下，

這意味著**別錯過每一個瞬間的感受**。

早晨彌撒後，久違地又望著陽光發呆。

陽光從我養了近 40 年

幾乎長到屋頂的垂榕間灑下。

享受陽光洗禮的枝葉在客廳牆壁上玩著影子遊戲，

看著這幅景象，

五感之中的視覺正享受著美好。

要是再加上喜歡的音樂，聽覺也能跟著享受，

如果加上喜歡的茶香或咖啡香，

嗅覺和味覺也可以一同享受……

不過上了年紀後因為失眠，

我已經放棄靠茶或咖啡讓味覺或嗅覺享受。

不過現在也已足夠了。

怎麼可能一直滿足五感呢？

安分知足不也是感受幸福的一種方式嗎？

✦ 思考零廢棄的那天

那是高中剛畢業的二兒子，

第一次約會之後回家的傍晚。

下班之後我打開冰箱，

一包知名安東燉雞餐廳的包裝袋就在裡面。

叫來二兒子問問，

他說是晚餐吃了燉雞，吃不完所以打包回家。

俗話說種豆得豆，種瓜得瓜，

孩子也是看著父母，有樣學樣！

我忍住笑意，問二兒子。

「第一次約會，怎麼會想到打包食物回來？」

「媽不是一直告訴我剩下的食物要帶回來嗎？

您說丟了可惜，那是錢買的，

乾淨打包好回來，明天再吃就可以了。

所以我就帶回來了啊！

不知道是不是因為第一次約會，我吃不太下。」

我有點擔心，問他

「你女朋友會不會不喜歡這樣？

如果她覺得你很奇怪怎麼辦？」

「如果她覺得奇怪，那我們就是不合了。

要能夠理解這種事，才能長久在一起吧？」

回答得簡單明瞭，反而讓我愣了一下。

偶爾外食時，

我點餐會點剛好的分量，

但若還是剩下了，我會請人家打包。

小時候看我這樣做，

一直很不喜歡，還會勸我不要這樣的二兒子，

居然在第一次約會時做了和我一樣的行為，

我笑了出來。

重新回顧了我

一直努力維持在節省和摳門界線之間的人生，

我從小在精打細算的奶奶和父母底下成長，

想都沒想過丟掉還可以吃的食物。

別說是食物了，就連東西，
我學到的是要使用到淋漓盡致。

「地球另一頭的孩子正在挨餓，
妳要感謝妳三餐有飯吃，從來沒有餓到。」
餐桌上經常聽到長輩這麼說，
所以我也養成了吃飯不剩一口的習慣。

在義大利留學時，
又讓我的習慣更堅定了。
看著義大利人只裝自己要吃的分量到自己盤子，
吃得乾乾淨淨，彷彿不想讓食物白白被沖掉，
甚至當盤子裡有剩下醬料，
還會用麵包去沾，把盤子抹得乾淨 *，

---

* 這就好像我們在韓國佛教寺院體驗傳統用餐方式時（韓國稱「鉢
  盂供養」），要搭配最後一塊泡菜，吃得一粒米都不剩是一樣的。
  義大利語稱這種把盤子裡剩下醬汁用麵包沾了吃得精光，洗碗時
  能夠輕鬆清洗的行為叫 scarpetta。scarpe 原是「鞋子」的意思，
  這個用法很有趣吧？

我又再三感受到，

原來不論古今中外，不留剩菜都是美德啊！

差不多適應義大利生活時，

有一回去了一對結婚不到一年的新婚夫婦家。

我以為理所當然所有家具或用品都會是新的，

但是他們的家具或碗盤等所有家用品，

都是從兩家父母親或祖父母傳承下來的。

「近來很流行復古風，

但是與其買不知道誰用過的二手物品，

這樣做不是更有意義嗎？而且把錢花在刀口上，

等以後存了更多錢，我想把錢用來讓生活更多采多姿。」

聽到他們這麼說，

我也學到樸素生活的價值。

因為二兒子那天的行為，

讓我回憶起過去的一些事情，想了很多。

不留下垃圾的生活，吃得精光、用得長久的生活，

實踐零廢棄（zero waste）的生活。

光是改變用餐和消費的態度，

我的人生、我們的地球不就可以變得豐饒富足嗎？

✦ 照顧被遺棄的植物

我們家有一些蘊含歲月的植物。

33 年多的垂榕，

40 年多的波士頓腎蕨，

38 年多的富貴椰子，

40 年多的黃金葛，

剛生二兒子時買的萬年青

也已經將近 40 年了。

這些植物大部分都是被丟在路邊

或收到的禮物。

某個店老闆在把店面收起來時也把盆栽丟了，

我把它們帶回家，一直照料到現在。

其實不只流浪動物，流浪植物也是問題。

有些人說我不放任植物死去，養了這麼久很神奇，

問我有沒有什麼訣竅。

我想，養植物和養孩子

非常相似。

過度的關心有害，

適當的關心，它們就會長得很好。

不是所有的植物都喜歡陽光和水。

有的植物需要放在陽光照得到的窗邊，

但也有的植物需要放在有些陰影或完全陰涼的地方。

每種植物都要配合它們的特性照料。

想要養好植物，

就需要適當的花盆和適當的養分。

花盆太大，根就長得多，容易過溼。

花盆太小，植物就不能吸取

它需要的養分。

植物也像人一樣，在剛好適合它的空間下

會感到舒適。

一般來說，水只要一週澆兩次，
定期讓植物晒晒陽光、吹吹風。
每個季節的溫溼度相異，
因此也需要配合環境定期澆水。

用料理肉類之前
浸泡冰水所產生的血水，
用來洗米的洗米水，
吃完優格之後洗優格盒的水來澆水，
是我的獨家祕訣。

葉子會朝著陽光方向長，
為了不讓某一面長得特別凸出，我會經常轉盆栽方向。
晒不到太陽而變黃的葉子，就將它剪去。
死掉的葉子只會搶走其他葉片的養分，
最好毫不遲疑地剪掉。

植物也會聽聲音。

美國科學家桃樂西‧雷塔爾拉克 * 表示

給南瓜聽了古典音樂後，南瓜藤就攀附在音響上。

所以我會跟植物說話。

「過得好嗎？」

「我們，一起當好朋友吧！」

「今天更美了。」

摸摸葉片，和它們交流情感。

聽了好話，它們好像也長得更茁壯了。

長期和我相處的植物，懂得我的喜悅和悲傷。

希望就算有天我離開了，在我身邊的這些植物也能

活得長長久久。

這麼一想，突然很好奇

將來被我留下的這些植物會由誰來照料。

哎呀，還是我該在那之前先幫它們找到好人家呢？

---

* Dorothy Retallack，著有《音樂與植物之聲》（*The Sound of Music and Plants*），書中詳細記載她針對植物與聲音進行的一連串實驗，結果發現植物對聲音是有反應的，且植物有偏好古典音樂的傾向，而搖滾樂對植物而言則是噪音。

✦ 整理，
就能讓生命變得更清晰

我會沉迷於整理，

是因為國中一年級我喜歡的班導師，

在晨會時間說的話。

「把玄關的鞋子整理得整齊，

就算有小偷進來，也會讓他猶豫不前。

小偷看到所有東西都井然有序會緊張，

一來不好找出可以偷的東西，

二來他會怕一下就被屋主抓到，

所以應該會離開，對吧？」

聽了這段話，我就養成整理周圍的習慣，

不只是整理物品。

當然，不是說聽了這些話

所有人突然間就開始有了整理乾淨的習慣，

當然還有一些與生俱來的天性。

像我就是從小

東西一定要擺放整齊才自在，

一切都要井然有序才能安心。

養育孩子時我也不會讓家裡變得亂七八糟。

自從學到只要將周圍整理乾淨，

孩子心理也會變得穩定的育兒方法後，

我就更勤勞整理孩子房間了，

甚至到有一點強迫症的程度。

不止於整理物品，我決心要更進一步

整理所有事物，

是在學習預防痴呆的方法之後。

想要預防痴呆，就要過得有規律且簡單，

隨時接受愉快的刺激，盡量多動，

還有盡量擺脫負面、憂鬱的情緒。

我本來就是所有東西要整理

才能感覺心安的類型，

「整理」居然就是預防痴呆的一種方式，

這是完全為我量身打造的祕訣啊！

我開始慢慢整理家裡各個角落，甚至是人際關係。

清空擁有的，只留下必要的，也就是整理人生。

首先我先整理廚房的大小用品。

也整理了不適合老年人穿的衣服、關節的天敵——高跟鞋，

以及沒有用的家具。

接下來是整理人際關係。

清理掉會讓我懷疑自己的人，會讓我不舒服的關係，

以及每週重複同樣主題的聚會。

整理之後，我這才能把精力放在想抽出時間見面、

可以學到東西、可以效法的緣分上。

將我層層束縛住的緣分，

也用對方不會查覺到的、隱密又圓融的方式處理掉了。

不過，也有無法套用「整理」一詞的對象——

就是絕對需要援手的孩子們。

我也更進一步，整理了我對生命的態度。

還有總是把事情搞大，享受收拾後果的習慣、
會弄壞身體的我的姿勢，
以及當面對讓我難過的人時，我那可憎的情感
也一併整理了。

整理了東西、人際關係、人生態度等
所有構成我的要素之後，人生就變得單純而清晰。
建立起某種程度的標準後，
再輕鬆、再好不過了。

有些人說，「我沒辦法捨棄東西」；
有些人有收集強迫症。
有條理地蒐藏
自己喜歡領域東西的收藏家
和只是執著在物品上的收集強迫症是不同的。
據我所知，壓力太大或嚴重憂鬱症的人、
幼時的依附關係不圓滿、
靈魂沒有被滿足的人，
容易對自己擁有的東西產生極端依戀。

如果碰到這樣的人，我那喜歡整理的個性就啟動了。
不管是物品、人、心態……我想幫忙整理所有東西，
我想告訴他們，整理會讓自己的人生變得
多麼輕鬆、多麼不同。
我那多管閒事的性格，總是想把知道的告訴別人，
看來還是沒有整理乾淨啊！

雖然我說要整理所有東西，
不過仍然有一些捨棄不掉的。
但是我不會囤積起來，執著於「擁有」。
這時我會衡量自己人生的有效日期，
說服我自己不要執著。
整理出空間吧……
享受空蕩蕩的滿溢。

✦ 銀髮族的做事態度

《湖濱散記》（*Walden*）的作者，同時也是思想家的

亨利・梭羅（Henry David Thoreau）說

「和自己處得好的人，才是真正成熟的人」。

我也是從工作退休後有了餘裕，

這才找到了能夠自己開心生活的方法。

我只做自己想做的事情，

並且養成能夠讓我心情好的習慣，好讓我能夠開心過生活。

早上起來我會以祈禱做開始，

每天早晚量體重。

這是我從結婚前就有的習慣。

如果體重有變化，就調整進食量。

喝一杯水。

做 20 分鐘左右的伸展操。

不僅有益於維持體態，也能維持敏捷度。

伸展時我會打開晨間新聞。

伸展後用早餐。

通常早餐我會吃酸度低的水果，

再用雞蛋和熱牛奶補充蛋白質，

除此之外還有燕麥餅乾。

到了下午，就算沒有事要出門，我也會外出。

搭配好衣服色系，準備外出。

彷彿像上班一樣，維持適當的緊張感。

適當的緊張感對身心健康有益。

把自己的外表打理好，就算突然需要外出，

或出現突發狀況，

也能輕鬆馬上出門。

這個習慣能夠預防姿態垮掉，所以我喜歡。

傍晚通常我會根據固定規律行動。

回家後整理該整頓的。

簡單用個晚餐。

伸展 20 到 30 分鐘，再處理工作。

沖澡之後簡單塗抹乳液。

保養品也只有幾種，而且只塗一定的量。

睡覺前也一定會祈禱。

每天我都會精讀報紙，

也不忘照料陪伴我的植物，

不需要的裝飾品及時整理掉。

少了雜物，打掃起來也變得簡單。

有些事我每天必做，那就是參加彌撒和散步。

為了參加彌撒，我會在固定時間起床。

來回各一個小時我一定會邊走路邊晒著陽光。

這些固定儀式會給我的心靈帶來安寧。

可以的話，我會每週讀一本書。

一週中至少要有一天是完全為其他人而用的。

通常我會去看我資助機構的孩子們。

這是為了讓我能打開耳朵，

傾聽那些有所寄望的訴求。

我會每個月去看一兩次展覽。

因為這可以讓視覺享受一番。

也盡量讓參加音樂會的次數和展覽相近，

因為聽覺會變得豐饒富足。

當然，因應社交距離限制期間，

我會遵守防疫準則去參加，或是選擇在家裡享受。

創造出符合我自己情況和處境的一套模式並且遵守，

讓我的人生有了秩序，我非常滿意。

我不會擬定超出負荷範圍的計畫，

自然也少了許多手忙腳亂和出錯的機會。

我只揪出一定要做的事，把一天過得井然有序，

也就不會被莫名的情緒影響。

最近多了一項反覆祈禱的主題——

「神啊，當我離去時，求您別讓我身邊的人難過」。

我的銀髮日常工作態度就這麼大功告成。

說到底，老年最重要的基準就是照顧好自己的健康。

因為我希望可以維持我的尊嚴，

別害身邊的人受累，

直到我的最後一口氣都是能夠作出貢獻的。

所以今天的我

也在維持日常中穩定的系統和節奏，

好讓身心和諧平衡。

固定儀式就像身體的骨架。

骨骼健壯，日常生活就不會崩塌。

當然，讓人心情好的習慣，也會創造讓人心情好的人生。

✦ YOLO 和 FIRE，
無論你選擇哪一個

有一陣子在韓國非常流行「YOLO」一詞，
它是 You Only Live Once 的縮寫，
意指人生只有一回。
「現在」太快消逝，不一會就成了「過去」，
感覺很遙遠的未來卻很快就到來，正因為我也明白，
所以很想告訴大家要為退休與將來做準備，
但仍要充分享受當下！我雖想這麼說⋯⋯
可這是非常難的問題。

為人父母最想要的，是在孩子能夠獨立自主以前協助他們，
等到老了，就負責自己的老年生活，
過上安穩的日子。
但是，真的有可能做到這麼理想的生活模式嗎？

這麼多依賴父母的袋鼠族 *，

還有因為各種原因給子女增加負擔的父母，

我想問題還真是百百種。

最近一直縈繞在我耳邊的詞就是「FIRE」，

這是 Financial Independence Retire Early 的縮寫，

蘊含財務自由和提早退休之意。

FIRE 族是一群希望確保財務自由後，

進而提前退休的新人類。

這些新人類追求的生命價值是解放、自由、主導權。

當他們在 40 歲左右賺到可以用一輩子的金錢，

確定自己可以財務無後顧之憂，

就要從當下的工作崗位上退休，

他們的夢想實在很遠大。

---

* 　在韓國，已經成人且完成學業，足以獨立的 20 ～ 39 歲子女沒有搬
　　出去住，經濟上仍然仰賴父母的人，被稱為袋鼠族。

然而，在 40 歲左右

就賺到 40 多歲人每年平均生活費的 25 倍，

然後就辭職追求自己的人生，究竟有可能嗎？

那會是好事嗎？

首先，在這種百歲時代只賺 25 年分的生活費，

光這點就很令人不安。

隨著結婚年齡不斷攀升，

50 多歲時要花的子女教養費用會比 40 多歲要多。

當然，如果沒有子女的話就有可能做到。

想要享有真正的自由，

首先得有經濟、身體、情緒方面的自由作為基礎。

要有多少的生活費，

才能到死之前都過得簡樸但意氣風發呢？

我父親曾經在銀行上班，他對我們這些孩子

經常強調經濟觀念。

「如果賺了 1000 塊，卻花 1200 塊，那人生就是常態赤字，

但如果賺了 1000 塊，卻只花 800 塊，人生就是

常態黑字。」

「家用一旦增加，就很難回得去了。

要經常儲蓄起來，過得簡樸，老了才不會悲慘。」

「與其為了賺錢

對弱者落井下石，對強者卑躬屈膝，

我們應該正當賺取自己能力所及的金錢，

過符合自己身分的生活。

節省儲蓄才是聰明的方法。」

如今我才深刻體會，這些教誨才能帶來真正的自由。

我想告訴 YOLO 族一定得為退休生活做準備，

想告訴 FIRE 族當他們預備好後 25 年的生活費時，

只要減少消費習慣，當然是可行的。

但是就算走到人生的黃金期，也要回饋社會，

享受解放和自由，以及人生的主導權。

因為我明白，要有眾多擁有這麼棒的想法的

年輕人支撐社會，

我們的社會才能夠變得更多采多姿。

活著並沒有什麼特別，

餓了就簡單填飽肚子，冷了就穿得溫暖，

熱了就穿得涼快，想睡時只要能有一塊

讓我的身體舒服躺下的地方不就行了嗎？

我為 YOLO 族和 FIRE 族加油。

只要能夠獨立解決自己的食衣住行，

別為社會帶來壞處，

做健康的社會一員生活下去，

誰能夠對他們的人生說三道四呢？

「我們以前喔⋯⋯」

最近韓國咖啡廳菜單上的拿鐵陷入水深火熱。

「我們以前喔⋯⋯」這句話被改成諧音的「拿鐵」*,

「拿鐵」處處受人嘲笑。

說出「我們以前喔⋯⋯」的人成了老古板。

「Ggondae」(꼰대,老古板、老頑固)一詞原是諷刺

只會仗著年紀或權威

在較年輕或資淺的人面前耍老大的老人、中年人、

長輩、老師等的影射詞。

比如在地鐵裡大喇喇張開兩條腿坐的大叔,

或只顧講自己想講的話的阿姨,也都被稱為 Ggondae。

誇耀自己和流氓打架也能贏的中年男人,

也不能逃過這個詞。

---

* 韓文的「我(們)」以前原是나때(音 Na Tte),因為音似拿鐵
(Latte),近年來成為新的流行哏。

Ggondae 一詞的語源至今仍不明。

朝鮮時代末期歐洲的貴族文化經由日本進入朝鮮半島，

有一說公爵、侯爵、伯爵、男爵等

西方貴族制度也同時一起傳入。

比較多看法認為代表「伯爵」的法語 comte 發音

用日本發音就變成 Ggondae。

然而也有人認為這個詞出自「蠶蛹」

用韓國嶺南地方方言的念法。

我會開始注意起 Ggondae 這個影射詞，

是因為我也到了會被人稱呼老古板的年紀。

以前我以為年紀大的就是大人。

大人應該受到尊敬和信賴，

而且面臨困境時會給出解決方法和智慧。

以為大人就是在身邊就能帶來溫暖，讓人想依賴，

會為我們遮風擋雨的那種人。

曾幾何時，他們卻變成令人討厭的對象。

究竟為何有年紀的人會淪落到這個地步呢？

老一輩人想把年輕人壓垮，

年輕人只當老一輩人是迂腐的人類。

這麼一來，也只能由老一輩讓步了。

由比較有經驗、有資歷的一方來開口，應該比較簡單吧？

老一輩應該和年輕人維持水平的關係，

若想維持垂直的上對下，開始擺高姿態、強調自己意見，

就成了老古板了。

碰到說著「我們以前喔……」的人，

我還真想問他「所以呢？」

希望老一輩不要用「我們以前喔……」這種話

管年輕人的事情。

不要把我們付出的努力加諸在他們身上。

他們會自己走好自己的路。

老一輩的人不如先放精力在

培養自己洞察、寬容、有遠見、惻隱之心的能力，

怎麼樣？

成為一個當年輕人有所懊悔時，可以默默伸出援手的人。

我想那樣才是可以聽到「大人」一詞，

而不是被說成老古板的唯一辦法。

我希望老一輩可以好好理解「長幼有序」的真正意義，

並傳承下去。

假如把這句話當成晚輩要無條件服從長輩，

那就是不符合新世代的陳腐思想。

長輩要成為晚輩的典範，

晚輩要看著長輩的優點，

自己願意學習效法，

這樣不是很好嗎？

階級制度過於死板，整個社會將會僵化，

階級制度崩潰，整個社會將會瓦解。

我希望長輩和晚輩能夠互相尊重。

因為尊重是不分古今中外，普世認可的美德。

✦ 比打高爾夫球更開心的事

「給我點吃的！」

這是幼時吵醒我們家的戰爭孤兒的叫喊。

1950 年爆發的韓戰在 1953 年結束，

造成了 10 萬多名以上的戰爭孤兒。

當時我是不知人間冷暖的小孩，

不知道為什麼他們要穿著層層破布，

髒兮兮的手上拿著鐵罐，挨家挨戶打轉，

向人乞討東西吃。

身為虔誠佛教徒的奶奶

給了他們熱騰騰的飯。

每當她說「人在做，天在看」，

我一想到我的舉手投足都有人看著，

不禁有一點害怕。

但是一方面又覺得有人在看著很安心。

不知道是不是因為父親是奶奶兒子的關係，

他也把幫助有需要的人

視為最珍貴的人類美德。

奶奶和父親幾乎是耳提面命強調，

「積善之家，必有餘慶。

做了許多善事的家庭，必定會有喜事發生。

若希望後代子孫順順利利，就要盡力幫忙有困難的人。

善意的種子會結出善意的花，惡意的種子會結出惡意的花。

給乞丐錢也要雙手恭敬地給。」

不知是否因為在這樣的環境下長大，

當我出了社會，有了收入後，

我就開始捐固定的善款。

其實這裡頭也參雜了一點私心，

期待幫了某些人之後，將來我的孩子

也能有好事發生，

或者至少不要發生壞事，

一股莫名的信念和期待。

「老了就只能打高爾夫球了，

所以我們一起去學高爾夫吧！」某位前輩這樣跟我說，

我只是尷尬地笑了笑，心裡反覆想的是

「要花錢又要花時間的高爾夫，我才不想

把精力花在那上面。

我要照自己的方式過活。」

不打高爾夫，我做的是志工服務。

在高爾夫球場一天花掉的金額，

可以讓我為亟需關心的孩子們創造好的回憶，

也可以替遭生父性侵，因忘不掉那噁心記憶

經常用刮鬍刀自殘的少女，

消除她手腕上

像毛毛蟲般的痕跡。

減少奢侈的外食費用，

我拿來補貼給被父母拋棄、靈魂有缺口的孩子，

讓他可以接受心理諮商的治療。

盡可能不要花錢在我身上，

節省下來的金額，

甚至贊助給天生唇腭裂的孩子動手術。

看到手術完成後孩子笑得那樣燦爛，那股喜悅

怎是穿上高級服飾能夠比擬的？

某天，我看著 YouTube 的影片留言，

其中一篇留言讓我靜靜地把手放到胸前。

「米蘭阿嬤您好，

我是您的頻道訂閱者 Amici，

也是接受您的愛長大的 Amici。

小時候米蘭阿嬤總是幫我們過生日，

就算生日當天沒能見面，也會打一通溫暖的電話祝福我們。

以前曾和您一起去鄉下玩，

採覆盆莓、採葡萄、散步，

就像仲夏夜之夢一般度過幸福的時光。

我們記憶中的您總是這麼的溫暖，

讓我知道何謂幸福。

希望我接受到的愛有一天也可以

傳承給別人。」

我做的事實在微不足道，他們卻給我這麼多的愛⋯⋯

一股感動從內心深處湧上來，我深深嘆了口氣。

25 年的志工服務讓我有了體會——

有些錢會隨著潮流輕易消失，

有些錢卻能給身邊的某些人力量。

我努力存下來的錢

可以幫助某些人過得更開心，

真的好喜歡我的生活，透過志工活動變得圓滿的生活。

✦ 我的人生伴侶故事

1995 年冬天，下班後我一回到家，
二兒子就急忙開門喊著
「媽，我終於找到我可以養的分身了。」
當時還是小學五年級的二兒子和朋友
彷彿等了我很久的眼神至今仍歷歷在目。

我們三個到了附近的寵物店，打開門進去，
我還記得寵物店老闆對我們說的話。
「你們終於來了。」
想想他們倆放學後在寵物店玻璃窗外貼著臉
找尋喜歡的小狗的模樣，
不禁讓我笑了出來。

那天我們領養了約克夏犬。
但是才 300 公克的小狗，
來到我們家後開始出現腹瀉症狀。

帶去附近的動物醫院，
說可能是被寵物店的其他小狗傳染的。
醫生說小狗實在是太小，可能很難救活。
意思是如果牠持續拉肚子，就會脫水，
可能導致性命難保。

之後的十天為了保住這隻出生不久的小狗，
我們繃緊神經。
醫生的唯一處方是讓牠繼續打點滴，
所以那時每天我都在上班前帶著裹著棉被的小狗
到醫院，下班後一樣去醫院
把牠接回家，反覆這樣的行程。
看著只有 300 公克的小狗
瑟瑟發抖的樣子，實在於心不忍，
只好替牠裹上一層又一層的棉被。

說實話，其實我對動物本來沒有什麼特別的情感。
但是跟尚恩一起生活後，開始覺得所有動物都很可愛，
也讓我把零用錢分一些出來捐給流浪犬收容中心。

尚恩是二兒子在領養時幫牠取的名字。

就這樣，讓我們日夜焦心的尚恩，

很慶幸地在那之後就連感冒都沒得過，健康長大。

狗通常壽命在 10～15 年左右，

但不知是不是因為我們誠心誠意的照顧，

尚恩在 17 年 8 個月期間獨攬眾人寵愛後去了天堂。

這個孩子離開時又是另一篇曲折的故事了。

通常狗上了年紀生病，基於動物天性，牠們會自己躲起來，

但是這個孩子一直都被關在公寓裡生活，

在生命最後一刻也沒能按本性走。

活了 17 年，自然出現各種老化症狀，

像是白內障、髖關節問題等。

最後甚至失去雙眼視力，也不太能走路。

從領養初期就替我們救回這個小生命，一直照料他的獸醫

看了看尚恩，誠實跟我們說

「到這個地步，牠一定非常痛苦了。

動物如果露出不舒服的樣子，在弱肉強食的世界中

就會被吃掉，
所以牠會咬牙忍住。」
最後，醫生小心翼翼地拋出「安樂死」這個可怕的詞。
「牠的胃口還這麼好，
我們人類怎麼可以擅自替牠結束生命呢？」
我只能這麼回答。

在那之後的兩三個月，我像抱新生兒般抱著牠走動，
幫牠穿上紙尿布處理大小便。
為了不讓牠的最後一段路太難受，我盡心盡力照顧牠。
牠大概是我這輩子最小心呵護的對象了吧！

但是隨著老化症狀愈來愈嚴重，
我們又再次收到安樂死的建議。
「這不是結束牠的一生，而是結束牠的痛苦。」
聽了這句話，我們當下先預約了執行安樂死的日子。
但等到執行安樂死的前一天，我又打電話到動物醫院，
告訴他們我想再多把牠留在身邊照顧一段時間。

天氣熱了，本來不常開冷氣的我打開冷氣

精心呵護著，讓牠在我身邊多留了一個月，

懇切祈求牠能夠自然結束生命。

然而無可奈何地，還是決定幫牠安樂死，

於是和獸醫師重新預約了時間。

其實我內心希望在那之前尚恩可以自然死去……

約定的日子愈來愈近，內心焦痛萬分。

等到約好的前一天，

我能做的，只剩雙手合十祈禱。

「神哪，祢創造並帶來我們面前的生命，

不能親自帶走嗎？

求祢別讓我以替牠結束痛苦的名義，

用人為方式使牠的生命停下來。」

「尚恩啊，生為一條狗的你來到我們家，和我們

相處得很好，

你就今天離開不行嗎？媽媽的祈禱會陪著你一起。

我們一家人真的是用真情照顧你，你都曉得吧？」

是巧合還是偶然？

就在我祈禱的時候，尚恩安穩地閉上眼睛。

牠自己了結了自己的痛苦。

一邊整理尚恩的東西，

一邊想著既然牠會先離開，為什麼兒子當初要吵著

帶牠回來，

讓我們現在這麼難受……

甚至有點埋怨二兒子。

我們家的寵物犬尚恩，

義大利文中有一個適合「寵物犬」的詞——

consòrte，

con 是一起，sòrte 是命運的意思，

所以綜合起來 consòrte 就是「共度命運的存在」。

尚恩是我的家人，也是我們的同伴。

✦ 傳遞回憶的跳蚤市場

每年秋天我都會在老家的院子舉辦跳蚤市場。

這是我屆耳順之年後開始的每年例行活動。

某一年是大兒子的朋友，某一年是二兒子的朋友，

有時候是我朋友的女兒、兒子、後輩⋯⋯

甚至是先生以前的學生、職場的晚輩也會一同參與。

去年秋天我邀請了二兒子的朋友、前輩、同班同學等

七對年輕夫婦到老家舉辦跳蚤市場。

我們在老家附近的餐廳享用了美味的午餐和晚餐，

要回家時我把準備好的農產品和

從一堆骨董裡頭翻出來的東西，各給了他們一大袋。

我的奶奶用過的朝鮮末期漆器

給了一個特別喜歡老件的設計系後輩。

母親在日治時期用過的玻璃製品

則是念美術史的兒子同學很早就說要了。

二兒子吃副食品用的湯匙

則是兒子朋友的女兒，一個八歲的小淑女

說要拿來玩扮家家酒，

開心地帶走湯匙。

看到那幅景象讓我不禁笑了。

稚幼的童心多麼美好，同時也讓我鼻頭一酸。

帶著老人家故事的舊物件，

實在謝謝這些年輕人願意開心帶走它們，多美的年輕人哪！

還有一個小故事，我把我的衣服給別人時，

有一個我的專屬儀式。

首先我會挑出好的衣服送洗，

或是我自己手洗，讓它晒在陽光下，並且把它燙好。

在這個過程我會和衣服對話，

告訴衣服謝謝它陪了我這段時間。

想著這是和誰見面穿過的衣服，

記起那些曾經最輝煌燦爛的時光片段，

並且大力稱讚我自己，真的度過很美好的時刻。

我說「是啊，曾經年輕過，認真生活過，
現在要進入人生的下一個章節了。
這就是人生啊！」

對著曾經蓋在我身上的無機物，
保持最大的禮貌，和它告別。
接下來，替它做簡單又俐落的包裝。
也不忘記寫一張簡單的卡片。

雖然不知道我什麼時候離開人世，
但是我只剩下會蓋在身上直到死那一刻的衣服了。
不退流行的衣服、容易搭配顏色又穿起來舒適的衣服。
留下最基本的衣服後，再輕鬆不過了。
分享東西又能感受到輕鬆！

下次跳蚤市場要邀請誰好呢？
誰又會帶走哪些有故事的東西呢？
我已經開始期待著。

✦ 燦爛地老去

「剩下的時間想要舒服地過。」

「在田野度過悠閒的餘生。」

以前年輕時，看到報紙或媒體上

這類句子，我總是感覺有一點不舒服。

第一，我不喜歡「餘生」或「田野」這些詞給人感覺的

慵懶、怠惰、疲倦、無聊的感受。

這讓老年生活變得好像沒有任何創造東西的能力，

沒有價值，

只是準備死亡的過程。

所以每每看到這種句子，總是讓我五味雜陳。

因此當我每回聽到餘生一詞，

我都會決心

我才不要過「剩下」的人生。

就算這個社會把我推開，

我也要找我該做的事情做……

我才不要悠閒地過著等死的生活……

決心這麼做的我，

現在也到了可以稱之為餘生的時刻了。

我也是領年金的對象，是被稱為免地族 * 的年紀。

那麼，我有照著年輕時候所想的度過晚年嗎？

我想我可以謹慎地說，有。

現在我會按照自己的節奏，

想起床的時候起床，慢慢地用早餐，

聽著新聞或音樂裝優雅。

餐點內容也選擇我喜歡的，

時間也隨我調整。

音樂會、展覽、旅行也都隨我的心情去。

不在意任何人的眼光，

---

* 意指免費搭乘地鐵的人。雖然免費對象還包含身障、對國家有功者
等，但這個詞通常是指滿 65 歲以上可以免費搭乘地鐵的老人家。

我體驗著以前被工作和時間追趕

而未曾做過的事情，過著老年生活。

年輕時是如此渴望的時間，現在 24 小時都是我的了，

還有比這個更好的嗎？

現在我是我人生的真正主角。

究竟是誰把老年叫做餘生，

讓人想起老年只想到無聊的印象呢？

躺在沙發上，毫無生氣地轉著遙控器的人生並不是老年，

只要有心，什麼事都可以做的時光，才是老年。

只要身心健康，

人生最燦爛輝煌的時刻，就是老年。

只要你想要，可以靜靜坐下

看一整天的陽光，多麼耀眼！

一點一點捨去時
就會更輕鬆

조금씩 비울수록 편안해지는 것

品味 품위

新衣服和破布的一線之隔

不久前我看到一些令人不安的新聞。

一個看起來文文靜靜的人，

因為太想擁有知名品牌的東西，

結果在百貨公司做了壞事被發現。

還有人侵占公司公款，

用那筆錢買了高價服飾，也就是名牌，

最後被逮捕的新聞報導。

可能你會想「怎麼會淪落到這種地步哇！真可憐！」

然後就忘了這回事。

但是我實在替他們感到難過。

身為開放自由進口後，

引進義大利高單價品牌的當事人，

我對這些案例實在很感慨。

執著於高價服飾，對社會帶來的弊端眾所周知，

每當我在第一線目睹這些事件，

總覺得衣服並沒有為人類日常帶來喜悅，

而是在破壞人類，很痛心。

有一些年輕的學生

如果不喜歡爸媽買給他們的衣服，甚至可能靠援交

賺錢去買知名品牌的服飾。

第一次聽到這樣的新聞，

尤其聽到是為了買我引進的品牌服裝時，

內心五味雜陳。

那股情緒的基底，

就鋪著和罪惡感很類似的情緒。

聽到我資助的一個學生為了進行性交易，

從關懷機構逃出去時，

我感覺好無能為力。

得知她的親生父母放棄撫養的難過消息後，

我捐了一小筆錢，對她噓寒問暖，

卻聽到她一聲不響地離開，感覺像被背叛。

為了買高單價的名牌服飾，不惜竊盜，

不惜出賣自己寶貴的身體去買，

我覺得非常混亂。

混亂帶來無限的問號，

問號的結尾是

衣服算什麼……名牌算什麼……？

從事時尚產業的人當中

也有人自嘲稱衣服為「破布」的。

衣服出廠之後若不能在當季賣光，就要打折。

如果打折後還是有庫存，就要辦「清倉大拍賣」，

低價促銷，好把倉庫清空。

曾經光鮮亮麗掛在賣場衣架上的衣服，

被放在清倉大拍賣的花車上，和其他衣服纏在一起。

曾是最新商品的這些衣服如果賣不出去，

就會被稱為破布，變得掉價。

有時被稱作最新商品，有時被稱為破布，

這衣服有什麼了不起，

怎會讓人類最重要的美德之一——正直，

一念之間就被拋諸腦後呢？

讓最崇高的靈魂走向毀滅，

讓曾經付出愛的人感到遭受背叛，

不是一般服飾，是眾人皆知的高貴名牌，

這到底是什麼樣的怪物？

如果我說衣服不過是熱的時候讓人涼快，

冷的時候讓身體可以保暖，

是人類生活最需要的基本

食衣住行之一……

聽起來是否像一輩子從事時尚產業的老人家

為了減輕罪惡感所做的辯解呢？

✦ 比亞曼尼更好的衣服

「妳喜歡哪個品牌？」

「妳喜歡什麼樣的服裝？」

這是熟知我過往經歷的人，

最常問的兩個問題。

如果問我喜歡哪個品牌，

「我穿衣服不會挑品牌，

只會考慮我喜歡的類型和我的狀態。

尤其喜歡能夠凸顯我自己的衣服，

而不是凸顯品牌的衣服。」

其實我很想這麼回答，但一直都是把這話放在心底，

只談時尚領域話題。

相反地，如果問我喜歡什麼衣服，

我會想「啊，我應該可以和這個人像在逛櫥窗似地，

討論我的心態或喜歡類型，甚至成長陰影的故事吧！」

心情也變得柔軟起來。

也覺得有義務要給好問題一個好的回答。

我對提問的人感到比較親近，

想絞盡腦汁回答。

如果問我喜歡什麼品牌，

我最常回答的是亞曼尼*。

但是我一定會加上「以前，我還在時尚這一行的時候」

這個線索。

也就是說，我用過去式回答。

---

* 喬治‧亞曼尼（Giorgio Armani），1968 年歐洲全境出現法國 5 月學運、反戰運動、女性解放運動，此後女性在社會上愈來愈活躍。喬治‧亞曼尼讀出女性角色正在轉變，推出柔和又不過分強勢的權力套裝（Power suit），掀起女性服飾的安靜革命。亞曼尼品牌創始初期的廣告形象非常強烈，由額頭寬廣的知性形象女人穿上權利套裝，腋下夾著《晚郵報》（Corriere Della Sera）和《先驅論壇報》（Herald Tribune），呈現參與社會、賣力工作的職業女性概念。這象徵著女性不再仰賴有錢男性的經濟能力，而是渴求靠自己的能力謀生。

現在的我，並不認為服裝的品牌很重要。

因為我認為只要我自己是名牌就可以了。

1990 年代初，韓國在國際間還不是那麼活躍之前，

身為時尚產業的採購，我經常有機會與

負責歐洲數一數二品牌的 CEO 見面，

好幾次我穿著亞曼尼品牌的服裝赴約。

肩線俐落，腰線隨身形自然擺動的外套，

適合平底鞋而非高跟鞋的褲子，

高級質料、不過分強烈的美感，簡單俐落的設計等，

亞曼尼的服飾最適合

早上趕著上班的職業婦女。

我體型偏纖瘦，下半身瘦，上半身相對比較發達，

如果穿最小尺寸的衣服還算適合。

當時我最喜歡亞曼尼品牌的衣服，

也最常穿。

但是我另有喜歡的衣服，

不是為了給別人看，而是為我自己穿的衣服。

情感價格高的衣服，能夠讓我感覺幸福。

在整理父親遺物時發現的棉質白襯衫，

是父親在日治時期穿過的衣服。

精緻的縫線，以及現在只用於高價服飾的螺鈿鈕扣等，

這些東西不只優美，更觸動我的情感。

看到父親的白襯衫，

就讓我更思念父親。

穿著母親很久以前送我的

針織衫，心裡頭也同樣會變得暖暖的。

穿上時會讓我感到安定，

並且不會拘束我或讓我緊張的衣服；

不會太過搶眼，而是容易和飾品或絲巾搭配的衣服；

只有基本線條，幾十年後仍然能穿的衣服；

一套衣服就能達到好幾種效果的衣服；

不要華麗的紋樣，要素色，最好是無彩色系列的衣服；

就像好幾年不見，見面時又感覺

好像昨天才見過的朋友的衣服，

這些就是我喜歡的衣服。

✦ 你有專屬顏色嗎？

在馬蘭戈尼學院，每堂課我都會聽到這句話——

「打造你的色彩吧！」

每當教授要我不要每次都用一樣的黑色，

要創造屬於我的黑色時，總是直冒冷汗。

等到學期快結束時，

我才知道原來還可以創造出帶藍光的黑色、帶紅光的

黑色等，

可以變幻出數萬種的黑色。

義大利人對色彩的美感是與生俱來的。

彷彿從搖籃到墳墓

都是由顏色而起，由顏色告終的感覺。

生了兒子就綁上藍色蝴蝶結，

生了女兒就綁上粉紅色蝴蝶結，附上一張

寫著孩子姓名、照片、頭髮顏色、瞳孔顏色、祝賀訊息

的卡片。

韓國以前也有類似習俗。

以前如果有新生命誕生，

韓國會在家門前綁上草繩。

若是兒子，草繩上會掛上煤碳及紅色辣椒，

若是女兒，則只掛上煤炭。

雖然韓國這項習俗已經消失，義大利的習俗仍舊

有許多人沿襲。

在義大利，如果有小孩出生，

仍會在公寓玄關門上，

生兒子掛上藍色、生女兒掛上粉紅色蝴蝶結。

我看到誕生卡片連孩子瞳孔顏色都寫上去時，

曾覺得這對父母還真特別，但那都是有原因的。

義大利人混了多個人種 * 的血脈，

---

* 　義大利南部鄰近非洲，北部則與日耳曼民族的國家 —— 奧地利、瑞士接壤；現代義大利人的祖先並不是一個具體的民族，而是由多個民族融合而成。

因此他們天生有很多種頭髮顏色和瞳孔顏色。

可能因為這個關係，義大利的父母在孩子出生時，

為了替孩子找到最適合的顏色會花很多心思，

從小就會自然替他們訓練配色。

簡單談一下義大利的歷史，

他們從很久以前

就接觸從絲路傳來的東方華麗文物，

因此在義大利人的基因裡有著根深蒂固的色彩能力。

看看揮灑在聖堂上那溼壁畫 * 的華麗，

看看彩繪玻璃奧妙的色彩搭配，

幾乎讓人讚嘆，

若不是與生俱來的美感，怎麼可能創造得出如此的美？

就連市中心的服飾店櫥窗，也是色彩搭配的教科書。

在如此七彩繽紛環境下長大的義大利人，大部分

---

*　Fresco，一種十分耐久的壁飾繪畫，泛指在鋪上灰泥的牆壁及天花板上繪畫的畫作，14 至 16 世紀流行於義大利。

都會找到適合自己頭髮和瞳孔的顏色，

創造專屬自己的色彩。

這個偏好的色彩不僅會運用在服飾上，也會套用在

居家裝潢。

看到用自己的專屬色彩裝潢的家，

著實令人拍手叫好。

就這樣，他們在世時享受自己的專屬色彩，

最後，人人皆用同樣的色彩結束一生。

英文稱 purple，也就是紫色，是一種有點夢幻的顏色。

也許意味著，人生如夢吧？

在很久以前，染色技術尚未發達時，

紫色是很難染出來的稀罕色。

所以只有皇室或貴族才能享有，

一般人只有在結束一生的葬禮時

能夠使用一回。

家有喪事的公寓玄關或舉行喪禮的聖堂

會掛上紫色蝴蝶結，

而執行喪禮的神父也會圍著紫色儀式帶，
表示對亡者的禮貌。

義大利人從搖籃到墳墓，
無處不是色彩的饗宴。
從他們身上可以看到對色彩保持零偏見，
因為擁有專屬自己的色彩，人生看起來更有生氣活力。

專屬顏色，自由自在的人生，
和他人和平共存的人生，
那樣的生活不就是有滋味的人生嗎？

✦ 奢華來自於態度

奢華豪宅、奢華風椅子、奢華人生……

韓國的居家生活廣告似乎經常使用「奢華」一詞。

只要大明星公開高級住宅，

當天新聞報導標題的開頭

必定會加上「奢華日常」。

打開字典找「luxury」，

上面寫著「豪華、奢侈、奢侈品、稀有的奢華」。

義大利語中將奢華用「lusso」表達，

當然，語意和英文一樣。

通常我們說「奢華生活」，

會想到家裡充滿高價用品，包括燈飾和地毯等，

還會聯想到附有游泳池和水晶吊燈的度假村。

想像穿著正式的服務生過來，

替我們倒一杯義大利產或法國產的高級葡萄酒，

然後我們優雅地切著菲力牛排的場景。

或是聯想到穿著高級服飾，配戴珠寶妝點，
噴著市面上很難買到的稀有香水。

但是這樣的人生真的能稱得上奢華嗎？
這種人生真的是我們夢想的人生嗎？
這種生活是真的優雅嗎？
每個人有每個人的喜好，
我們很難定義怎麼樣的生活就是奢華。
但是這種奢華，不適合我，
也不是我期待的。

我不是沉迷於購物、瘋狂購買衣服的類型。
高價品牌的服飾很多都是 20、30 年前買的。
也有一些是在傳統市場買的衣服。
我自己說好聽是「折衷主義」（eclecticism），
說得難聽一點，就是驚險遊走在
「窮酸和節省」之間的類型。

我也不喜歡吃昂貴的料理。

魚子醬有一股腥味，

我不喜歡，所以通常不吃。

某次看到飼主刻意把鵝的肝

養肥的影片後，我也不吃鵝肝醬了。

它就像殘忍又可怕的電影《世界殘酷祕史》（*Mondo Cane*），

我實在難以下嚥。

香檳也不是那麼喜歡的酒。

義大利人或法國人

因為松露價格昂貴視之為珍貴食材，

雖然我也嘗試吃了幾次，

但因為消化不良，只好敬而遠之。

葡萄酒則是因為裡頭添加了亞硫酸鹽抗氧化，會引起頭痛，

而且我又不喜歡它留在嘴裡的澀味，所以不喜歡喝。

此外，我的個性也不會買一堆雜物。

因為積了灰塵還要經常清潔，非常麻煩。

對小東西沒有興趣，自然可以過得簡單。

我家的裝潢風格就是簡樸。

接手母親用過的家具，

看到那些家具，也會讓我想起兒時回憶，所以喜歡。

餐具也是同樣道理，

結婚時母親替我買的餐具，

奶奶、婆婆用過的餐具，

在我家廚房要找到新買的，就像找寶藏一樣難。

幾乎可以說我家是骨董展。

這麼一看，我大概天性和體質

都不適合享受奢華生活。

我也對奢華生活沒有興趣，

就算別人說我寒酸老派，也無所謂。

重要的是能夠讓我舒服自在的我的空間。

那是只有必需的簡樸物品的舒適房子。

我在那裡安分知足，過著我的時光。

人們說我「奢華」，

其實我和奢華有很大落差。

但是有天，我看了一篇讓我
重新思考奢華一詞的報導。
我讀了法國籍的全球知名調香師
尚－克羅德‧艾連納 * 的採訪。
他給了奢華不同的定義：
「真正的奢華人生是和自己和諧相處的人生。
奢華不是擁有，而是分享。
和重要的人分享開心的時光和經驗。」

如果說和我珍惜的人一起度過幸福時光，創造回憶，
進而達到世界和我和諧相處的人生是奢華，
那我的人生大約就是在奢華的頂點吧。
是因為我太愛管閒事嗎？
像我這樣想把我的東西、我的時間、我的物品分享出去，
極為渴望這麼做的人感覺也不常見。

---

* Jean-Claude Ellena，投身香水創作近 50 年，是愛馬仕的專屬調
香師。

有一個韓文單字我從很久以前就喜歡——
「조촐하다」（Jochol-hada）。
它的意思是雅致、清新、行為不混亂，
簡潔、嫻靜。
雅致的生活就是我期待的生活。
我不需要鋪滿黃金的道路，
充滿自然味道的，才是我追求的路。
不要複雜豪華的人生，
簡單卻有味道的人生才是我想要的。

✦ 對「很會穿衣服的祕訣」 的想法

「如何成為時髦的人呢？」

「怎麼樣才能很會穿搭？」

「請教我們如何不花錢又能穿得有型。」

被問到這些問題時，實在很難回答。

如果可以用一句話簡單明瞭地回答當然很好，

但是韓文有句話說「百人百色」，

年齡、性別、人種不同，就有不同的穿搭標準，

所以我不敢隨便表示怎麼樣穿好，怎麼樣不好。

我自己的穿衣方式是這樣的。

首先，從頭到腳配好顏色。

選擇不要過度紊亂的配色。

穿得不要過度搶眼，穿得舒服自在，

根據情況，打扮簡單俐落。

視時間、場合、狀況穿著。

最後一點，讓內在和外在的平衡

自然顯露出來的衣著打扮，就及格了。

每個人的風格都很重要，

但是我希望避免穿著他人看了感受不佳，

或太刻意扮年輕的衣著。

也不喜歡明明該嚴肅的場合卻穿著輕浮，

或不考慮他人，

只有自己覺得舒服的穿著。

我會瞭解適合自己體型的尺寸，

穿適合自己的衣服。

看到勉強去買高價服飾，

追著最新流行，

只穿每季上市的新產品，

沾沾自喜地走在路上的人，我覺得很可憐。

看起來年輕固然好，

但是穿上那些不符合自己年紀的衣服，

拚死拚活也想讓自己看起來像年輕人，感覺不是很舒服。

有一個現象叫「從眾效應」（bandwagon effect）。

指的是人類為了不被社會大眾疏遠，

於是跟著呼應流行的現象。

英文裡的 bandwagon 指的是遊行中在最前面載著樂器走，

吸引人們注意的樂隊車。

人們跟著隊伍前頭的樂隊車走，

而在最後面的人，

根本不清楚原因，就跟著走了。

這是因為想要歸屬於大多數人的群眾心理，

和害怕落伍或被邊緣化的恐懼感，

兩種心態所造成的現象。

有一群人努力做出新產品，

引誘內心空虛的消費者；

另外一群人則是分析、評估新的模式，

把精力放在創造流行上。

羅伯・葛林 * 的《人性 18 法則》一書中，

提到可可・香奈兒（Coco Chanel）。

香奈兒因為從小在育幼院環境下成長，

很早就察覺人性，

所以懂得利用會刺激群眾嫉妒心和憧憬的

有效行銷手法。

生活在複雜多端時代的現代人，

很難保有自己的主觀，

穿著符合本身境況的服飾。

正因為不容易，所以當我看到這麼穿的人

總是感到很開心。

當我看見一個人的穿著並不是完全對流行毫無關心，

但是有自己的明確風格，甚至可以看得出這個人的內在，

我在心裡頭替他鼓掌。

---

*　Robert Greene，美國作家。其著作《人性 18 法則》（*The Laws of Human Nature*）剖析人有意識及無意識的動機與認知偏見。

「個人風格」這個詞濃縮了許多意義。

若想建立明確的個人風格，

就需要成熟的內在、自尊和穩定的情緒。

此外，還需要經過一段摸索什麼適合自己的時間。

當然，如果自尊愈高，摸索的時間就會比較短。

因為這樣的人不會盲目跟從他人，也不會完全追隨流行。

當情緒穩定，風格也很清楚時，

就能減少不理性的過度消費和衝動購物次數。

我相信瞭解自己是什麼樣的人，

清楚自己的經濟狀況，就不會盲從，

就會穿自己能力可及的衣服。

其實不是所有人都會追逐流行，也沒有必要追隨。

但是我們肯定需要瞭解目前趨勢，

並且參考這些狀況，採取成熟的態度。

所以我看到反映出這類態度的穿著，

自然喜不自勝。

當潮流對你已經沒有意義時，才是真正時髦的人。

我回想義大利培育出的傑出設計師
喬治・亞曼尼的穿衣哲學。
「時常檢視自己內在和外在的人
內外健全，所以不需要別人來照顧他。
但疏於照顧自己內在和外在的人，
失去了內外的健康，最後一定會需要他人的照料。」

我喜歡健康的衣著。
喜歡的不是品牌 logo 標得斗大的服裝，
而是可以呈現我的風格、眼光、教養的服裝。
不是在意他人眼光，
而是能夠在他人記憶中留下印象的服裝。
我想這也許就是人們好奇的
「很會穿衣服」的標準吧？

✦ 不常買衣服的原因

「我維持身材是為了不用買新衣服。」

我在韓國《EBS 招待席》節目上的一席話變成熱門話題。

一個曾在時尚界工作過的人，居然說幾乎不買衣服，

好像很多人感到懷疑。

我真的不隨便買衣服，

買了衣服就會穿很久。

巴黎本是時尚的搖籃，

米蘭向巴黎發起挑戰，也逐漸和巴黎齊肩並行。

而在米蘭市中心熱鬧區域的後巷中，

有一位老紳士佛朗哥・伊亞卡西（Franco Iacasi）的藏寶閣。

這個藏寶閣裡的寶藏，就是破舊的衣服。

這間店的收藏品

大部分是 1800 年代末期製作的衣服，

從外頭走過隨便一瞟

都看得出來衣服有多舊。

但為何那位老紳士要把這些破衣當成神明供奉呢？

原因就是，為了滿足特意前來尋找的貴客。

到訪這間店的貴客清單，

寫著在巴黎、紐約、米蘭、倫敦等城市活躍的

世界頂級時尚設計師大名。

知名的頂級設計師為什麼要花大錢，

來買佛朗哥・伊亞卡西的破衣服呢？

這是因為時尚潮流會捲土重來，

而養分就來自於這些老舊服飾。

知名的設計師都有自己個人的存檔。

他們會收集介紹古早服飾的經典書籍，

甚至是蘊含漫長歲月和過去故事的服裝，

放在自己的存檔中，不時拿出來看。

像喬治・亞曼尼這樣的設計師，

甚至把他出道時的服飾、傑作、手稿等收集起來，

開了一座以自己名字命名的博物館。

頂級時尚設計師明白時尚會捲土重來，

因此他們會把年代久遠的服飾改造成適合 21 世紀消費者
的風格，

推出新服飾。

也有人把自己很久以前做的初期服飾，

增添現代風格，再推出系列作品。

所謂反映現代風格的設計，

就是改扣子，加寬或縮減肩線，

將裙長加長或剪短，

將褲子的腰線拉高或拉低等修改。

也有人使用最新研發的布料，強調新鮮感，

有時用復古（retro）名義，

將過去的流行重新召喚出來。

流行就是這麼一回事，過一陣子就會循環。

還有一件有趣的事！

要是有機會參加創造流行的人的聚會，

你反而看不到流行。

所以如果想知道未來的趨勢，

只要去歷史悠久的書店和服飾店就可以了。

愈是難搞的設計師，在推出新系列產品時
愈會穿著同一套衣服好幾天。
這是為了在新系列產品上集中精力。
曾是紐約頂級時尚設計師的卡文‧克萊（Calvin Klein）
也在一次訪問裡說
「因為準備新系列產品時通常會繃緊神經，
所以整整一個月我都會在同樣的地方穿同樣的衣服，
在同一個地方吃飯、睡覺，完全把精力放在新產品。」
已故的賈伯斯也和克萊一樣，
在新產品發表之前，
他也說沒時間在服裝上花心思。
所以他不也都穿著同一套衣服，就像制服一樣嗎？

喬治‧亞曼尼、杜嘉班納（Dolce & Gabbana）等許多
設計師
在結束時裝秀後上臺打招呼時都有一個共通點——
那就是他們大部分都穿著黑色 T 恤、深色褲子

站上舞臺。

是因為他們忙著準備讓自己的產品能夠大賣，

因而沒有心力裝扮自己嗎？

是因為每季都專注在流行上，所以厭倦了嗎？

或者說得好聽一點，是超越服飾的概念嗎？

我想，應該以上皆是吧？

英國知名設計師薇薇安‧魏斯伍德（Vivienne Westwood）

也喜歡穿著在佛朗哥‧伊亞卡西的藏寶閣裡淘來的服飾。

我一個曾任薇薇安助理設計師的

馬蘭戈尼學院同學

直接問過她關於這麼做的理由。

據說薇薇安的回答很簡單：

「就是想穿。」

決定嶄新潮流的專家或

時尚專欄作家有一個經常使用的單詞

「fashion victim」，

翻譯過來就是「時尚受害者」。

這些設計師就是為了準備賣給時尚受害者的產品，

結果讓自己和流行背道而馳，不，

也可能是過著超越流行的生活。

諷刺得很有意思。

我在時尚界工作下來感受到的，很真實的感受是，

所有東西都「很平淡」。

（當然，我還是很喜歡時尚。

因為透過時尚確實可以交流讓人開心的情感）

其實衣服有什麼了不起的？

就算再想做出特別的衣服，

衣服不就是在能夠保護有兩隻手、兩條腿的身體

這個大前提下的一個物體嗎？

每當接觸到以復古之名不斷推出循環潮流的

歐洲時尚界資訊，

就會想起曾說「要是不買下以前設計師的舊物，而是

買了藝術品，

我就會賺大錢，老了可以過得更輕鬆」的

藏寶閣主人佛朗哥‧伊亞卡西
那略顯陰暗的表情。

我幾乎不買衣服的原因有很多。
因為已經不像以前那麼充滿好奇心，
而且流行會不斷循環，
只要把以前買的衣服拿去修改來穿就可以了。
現在也不像以前需要見那麼多人、
要展現我自己，
所以只要穿可以滿足我的衣服就好。

就算我不必親自去佛朗哥‧伊亞卡西的藏寶閣，
仔細翻翻我的衣櫃，也可以找到夠多的復古物件。
只要將我以前那些質料好的衣服，換上新扣子，
肩線修改一下，長度也做些調整，
老舊的衣服也能搖身蛻變為符合新時代的服飾。

只是，要維持愈來愈糟的身體線條，
算是我最大的功課吧。

✦ 就算勉強也要笑一笑

天哪！這個老太婆是誰啊？

讓人皺起眉頭。

鬆垮的雙頰，看起來很刻薄，

眼神又為什麼彷彿有一籮筐不開心？

長得一副壞心眼的老太婆，就是我本人。

15 年多前我搭公車出門，

看著車窗上倒映的模樣，我嚇了一大跳。

當時我大概是 50 多歲，

已經開始老化。

雖然我很清楚老了一定會出現變化，

但是竟然變成這麼老又醜陋的老太婆！

我開始非常認真思考為什麼我表情看起來那麼陰沉？

「上了年紀臉就會變陰沉嗎？」

搭公車或地鐵時，

我觀察了坐在博愛座的長輩的表情，
發現原來他們的表情也像我的表情一樣時，
我打了個冷顫，然後感到很悲傷。

身為同樣在變老的人，我自己來看
也覺得陰沉的臉怎麼看都不會讓人開心，
那麼年輕人眼裡的老人，看起來又是多麼負面呢？

突然有這個想法。
「只要笑了，臉看起來就不一樣，
要是我們可以給人充滿善意微笑的眼神，
隨意談談天氣，打個招呼，也會感覺好很多。」

雖說生活困頓笑容自然會減少，
但是沒有錢，也不需要吝於展現笑容吧？
是心態問題嗎？是社會體系問題嗎？
笑容也受環境支配嗎？
不過這麼一想，我在歐洲時還算是愛笑的人，
在韓國時表情就僵硬了。

然後有一天看報紙時我注意到一篇新聞。

上面說不要因為開心才笑，要為了開心而笑。

就算是勉強也要笑一笑，大腦才會感受到開心，

甚至可以預防痴呆。

經常笑還可以幫忙拉抬下垂的臉頰肉。

大笑還有助於減重……

讀了那篇新聞後，

我開始在早晚洗臉後對著鏡子

努力練習笑。

尤其是心情煩悶或感覺身體狀態不好時，

自己催眠自己，試著擠出笑容說

「我很開心，我有資格開心，我要開心」。

如果有人在旁邊偷看到這一幕，大概會覺得我瘋了吧。

最近就算勉強，我也會笑一笑。

兩個兒子都長大成人離家了，

和一個話不多、笑容也不多的配偶在一起的時間愈來愈長，

可以笑出來的機會還真不多，但我還是要笑。

韓文有句話說「笑門萬福來」，

也有俗諺說「伸手不打笑臉人」。

笑一個又不花什麼力氣，

也不花錢，

勉強笑一笑時，

我總是會想起兩篇詩句：

問我為何住在這裡，

只是笑笑。*

桃花流水杳然去，

別有天地非人間。**

* 　出自金尚鎔的〈何不往南方開個窗？〉。
** 　出自李白的〈山中問答〉。

✦ 阿嬤的語錄

小時候我經常稱呼奶奶為阿嬤。

母親為了照顧家中眾多人口，

沒有太多時間照顧、注意我。

彌補那塊空缺，照顧我的就是奶奶。

一大清早，配合我的難搞性子，

幫髮量稀疏的我綁兩條辮子的，也是奶奶。

冬天時奶奶會將鐵熨斗放在裝滿木炭的火盆裡，

縫著韓服，一步一步告訴我

穿線的方法、縫製韓服的方法。

在奶奶陽光滿溢的房間最溫暖的角落度過的時光，

真的很溫馨、很溫暖。

我還學到如果線穿得太長，

會不好縫的祕訣，

我一直運用這個祕訣到現在。

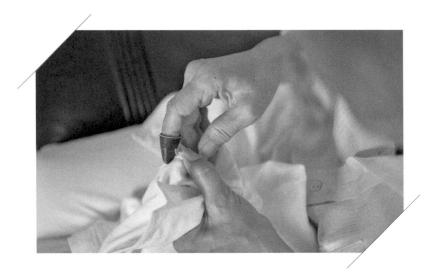

出生在朝鮮時代末期的奶奶，

經常告訴我以前孩子和女人的故事。

比起像是《薔花紅蓮傳》、《大豆紅豆傳》、《洪吉童傳》、

《林巨正傳》等

任何一本書裡的故事，

奶奶說的故事生動有趣多了。

摸著奶奶滿是皺紋的手，聽著那些故事，

那溫暖的感受成了我一輩子的生命養分。

奶奶雖是家風嚴謹的貴族子女，

但在庚戌國恥 * 及日治時期家道中落

生活變得困頓後，奶奶靠著

一雙好手藝做針線活得以維持生計。

對於只能供她的兒子，也就是我的父親

---

* 1910 年 8 月 22 日，大韓帝國內閣總理大臣李完用與大日本帝國代
表寺內正毅於 1910 年 8 月 22 日簽訂《日韓合併條約》，將朝鮮
半島的主權割讓給日本，同月 29 日公告；韓國社會視之為國恥，
稱作「庚戌國恥」，條約締結日稱為「國恥日」。

讀到高中這件事，

每每提起，她都是一陣遺憾和傷心。

深知世間冷暖的奶奶又有多少的遺憾呢？

我只能試著猜測。

奶奶在我大學四年級時過世。

她總是用平靜聲音和我談禮儀法度，

那些話對我的人生有很大幫助，

我把其中幾段寫下來。

「上顎要經常保持僵硬，下顎則保持輕鬆。」

這樣一來，

就不會輕易開口，也就會減少說錯話的機會。

奶奶的隱喻技巧太厲害了。

「不要急於炫耀，不要自表功績。」

「忘了自己布施的事情吧！」

這是要我們對別人施予善意時，

要低調、不張揚。

這和《聖經》裡說的「不要讓左手知道右手做的事」
是同樣的道理。

「酥文點」
奶奶將「斯文點」發音成「酥文點」。
這是我像淘氣鬼一樣跑來跑去、跌跌撞撞時，
奶奶經常說的話。
後來我才知道「斯文點」的意思是「言行不輕浮，
舉止言行和態度慎重且高尚」。
奶奶似乎對我的期望很高，
但是我卻沒能符合她的期待，一直感到很抱歉。

「可以在十個地方吃飯，但只能在一個地方睡覺。」
青春期時，我在好朋友家跟大家一起念書後，
問她我可不可以在朋友家過夜，
她無可奈何同意了，卻還是補上這句話。
朝鮮時代的風俗還深深留在她的身上，
所以就算女孩子長大了，可能還是不喜歡讓我
在外面過夜吧。

不知道是否從小聽這句話長大，

除了旅遊時，

我有了無法輕易變換睡覺地方的習慣。

「就算是雙胞胎，也有先來後到。

就算多晒一天春日太陽，也要把人家當前輩對待。」

這是每當我頂撞大我三歲的哥哥時，

她訓誡我的話。

奶奶總是很強調長幼有序。

「手有殘缺難道就不會打架了嗎？」

這是當哥哥要揍我時，

奶奶用可怕的神情訓誡哥哥的話。

手的殘缺指的是缺了手指頭，或萎縮無法伸直的手，

沒辦法用手的人不是只能用言語吵架嗎？

奶奶告誡我們，不能使用暴力，想打架就用吵的。

「不要做出需要對質的行動。」

我不懂這句話的意思，有次我問了奶奶。

「最沒有品的行為就是去傳遞別人的話，

讓大家三方對質。

不要去替別人傳話，不要挑撥離間，

也不要在背後說別人壞話。」

可能因為有了奶奶這一席話，

我到現在未曾和別人對質過。

當然也盡量努力不要在別人背後說壞話。

「王公貴族的後代有什麼特別嗎？」[*]

就算出身再高貴，

也可能因自己的行為被升等或降等，

她的意思是要我言行舉止有度。

「念三次『忍』字，想殺人的衝動也會消失。」

「難不成皮革做的袋子還會破嗎？」

---

[*]　這句話出自高麗權臣崔忠獻的私奴萬積。萬積在高麗時代武臣政權
時期為了擺脫賤民身分發起抗爭，他說「王公貴族不是天生的，時
機對了，誰都能當」。

奶奶說斯文的人通常也很能忍耐，

每回強調耐心時她總是搬出這些話來說。

皮革袋子也是同樣道理，

她指的是，就算生氣，如果可以放在心裡忍下來，

就可以避免危機。

小時候雖然無法認同奶奶說的話，

但是當她用平靜低沉的聲調慢慢地說，

我也會不自覺地抖了一下，

想著「糟糕」，覺得很不好意思。

「即使是路過的乞丐，

也一定要準備一桌熱騰騰的飯菜給他們。」

奶奶總是告訴大家要慷慨對待晚輩，

是家裡真正的大人。

再次回想奶奶說過的話，

佩服於長輩的智慧與慧眼。

✦ 抗老行銷

因為不用固定時間上下班，

有時白天我會開著電視。

凍齡保養法、預防老化節目、膠原蛋白攝取方法，

甚至是介紹吃了能夠增加女性荷爾蒙的食品……

這些晨間節目，

讓我看了以後思考起「老化」二字。

彷彿老化是一定得阻止的壞事，

如果不努力預防老化，

就是犯了天大錯誤般。

像我這種懶得照鏡子的人，

或順應自然，隨時間老去的人，

真的犯了大錯嗎？

還是職業婦女的時期，我每天都在跟時間賽跑。

除了早晚洗臉的時間外，

我幾乎不會去照鏡子。

不，應該說沒有時間照鏡子。

除了訂婚和結婚當天，

我都沒有擦過粉底。

可能因為拚盡全力爭取一分一秒的關係吧？

我沒有心思好好去注意

我的臉究竟是娃娃臉還是老臉。

看著早晨時段瘋狂讚揚年輕的節目和廣告，

「我，難道不該這樣過嗎？」

好像被罵了一番，覺得心裡不太舒服。

難道有人不會老嗎？

不會老要做什麼？

人的命運自出生後就是一直走向死亡，

哪有辦法預防老化？

上了年紀是壞事嗎？

所謂年輕是什麼？老又是什麼？

出生之後隨著時光流逝，那些歲月累積而成的就是「老」，

歲月累積就是經驗的累積，

究竟錯在哪裡？

針對上年紀這個議題，

我想了很久很久，結論是這樣的──

不管別人怎麼說，我要走我自己的路。

青春就留給年輕人吧！

我要和衰老這件事相處愉快！

我要把我的時間過得充實！

下了這個結論後，

就不害怕時間的流逝了。

然而，隨著歲月累積經驗固然好，

但無論是身體機能或外表也開始有了變化，

會感到有所惋惜也是很自然的。

很久以前我和母親一起看了一場採訪。

那個採訪是被稱為世紀大美人的演員伊莉莎白‧泰勒

（Elizabeth Taylor）

在動了腦部手術後上的節目。

接受過幾十次整型手術的她，

宣布自己以後不會再整形。

接著又補上這段話：

「現在我不會再去努力掩飾皺紋。

在這些皺紋產生之前，可是累積了多少經驗哪！

當然這些經驗也不全然是好的。」

她的變化讓我點了點頭，我問母親，

「媽，為什麼人老了外表跟機能都會崩壞？」

母親給了我這個傻問題一個很聰明的答案。

「這樣死了也不會那麼冤枉啊！」

是啊，都要化為塵土的軀體，緊抓著不放又有什麼用呢？

有一次某個義大利節目

來採訪韓國的整形風氣。

那篇報導內容介紹了韓國中年婦女因為對年輕外貌的

執著去看醫生，

並指出世界上做最多整形手術的國家

就是韓國。[*]

雖然整型也有正面的地方，

但是對於演變成外貌主義的風氣，我還是覺得很惋惜。

我們沒辦法把老臉完全變成童顏。

隨著時間流逝，受地心引力影響，

人的五臟六腑會逐漸失去力量，

身體衰退，變得慢吞吞，

記憶力也大不如前，

身心的反應速度都會大幅衰退。

但是，時間愈久倒是有一個東西會愈好。

那就是「洞察力」。

看清楚世界，看到更廣闊世界的洞察能力

---

[*] 2011 年國際美容整形外科醫師協會 ISAPS 以各國會員為對象進行調查，發現每千名人口中做最多整形手術的國家是韓國。不過也有反駁說法稱「該統計包含在韓國接受手術的外國人，因此並非完全反映韓國人做整形手術的數據」。

似乎會愈來愈有深度。

如果上了年紀的人說「年齡不過是數字罷了」，
年輕人可能會嗤之以鼻。
不如將為了維持外表所花的努力，
改用在讓身體機能健康怎麼樣？
年輕人邁向他的道路時，
不要擋在那條路上，聰明地讓出一條路，
這不是曾經年輕過的人生前輩該扮演的角色嗎？

英國皮膚科醫生有一份研究報告，
將測試者分為不給皮膚任何刺激的修道士小組，
和花許多時間保養皮膚的小組，
長時間觀察他們的皮膚後，
結果發現比起花心思保養、刺激皮膚的小組，
完全不做任何保養，也不刺激皮膚的修道士小組的皮膚
更透亮、更乾淨。

當然，因為兩個群體的生活模式不同，

無法做單純的比較，

但是對於像我這種疏於保養皮膚，

也懶得照鏡子的人而言，是值得開心的消息。

✦ 大使極為好奇的風景

2001 年秋季的某一天，

駐韓國義大利大使館官邸舉辦了一場宴會。

宴會的主角是我張明淑。

義大利政府基於認可我的貢獻，

授予我榮譽騎士的爵位，

那天就是贈與騎士勳章的日子。

自從 1978 年當留學生，和義大利結緣後，

確實累積了許多緣分和經驗，

但是未曾想過最後能創造這麼光榮的場合。

歐洲還保有象徵性的貴族階級。

國家頒布的爵位階級分為

公爵－侯爵－伯爵－子爵－男爵－騎士。

當時駐韓義大利大使法蘭西斯科‧勞西（Francesco Rausi）

在替我掛上騎士勳章後，給我機會發表感言。

「這份榮耀實在承受不起。」

我以這句感謝之詞作為開場白，

大使像是開玩笑地回了我，

「您說笑了，

一直以來除了擔任義大利和韓國之間的溝通橋梁，

您對初到韓國的義大利人

也像保母一般照顧，

您當然有騎士的資格。」

賓客笑成一片，

此後，我的義大利騎士角色就變得更忙碌了。

剛來韓國的義大利人，

需要當地人的協助處理初期的生活雜事。

除了找房子，到食衣住行的大小事……

當然大使館有專人負責，

不過有時候也會需要可以用義大利文溝通、

而且曾經在當地生活過的像我這樣的人幫忙。

我旅居義大利時，

也很清楚當地人的援手有多麼珍貴，

因此盡可能在能力範圍內給予最大協助，

挪出時間去幫忙。

剛來韓國的義大利人會經歷不小的文化衝擊。

只要回想我們第一次去歐洲時感受到的

文化差異，就可以理解了。

再加上韓國

已經在大眾媒體上介紹過不少西方文化，

但是義大利卻很難有機會接觸韓國文化。

所以義大利人來到韓國感受到的

文化差異差距一定是更大的。

就算已經努力事前瞭解當地文化，

但用課本學的和親身體驗總是不同。

有一次我接到義大利駐韓大使館祕書室的緊急電話。

新任駐韓義大利大使

想要買東洋蘭花，

因此問我可否陪同前往。

新任駐韓義大利大使

非常喜愛東洋文化，而且是東洋骨董的愛好者。

我就和大使一同尋找他喜愛的東洋蘭花。

一整天在首爾市區逛來逛去，

又在大使館官邸享用了美味的餐點。

用餐時大使以極為嚴肅的表情，

問了我不少問題。

其中有一個問題我也回答不出來。

「為什麼韓國女性不自己揹包包呢？

年輕人也都很會穿搭，

是一種男士禮儀嗎？像騎士一樣？」

大使這麼一問，我忍不住大笑。

為整體打扮畫龍點睛的

可以說就是和服裝搭配的包包，

但有的女性自己不提包包，

而是讓身旁的男友或老公提。

偶爾我也目睹過，

也很好奇原因所在。

尤其拿著高價名牌包出門

現在幾乎是稀鬆平常的事，

為什麼名牌包自己不拿，還要叫男生拿呢？

是一種對弱者的保護嗎？還是騎士精神呢？

如果體力弱到沒辦法提著好看的高價皮包出門，

那不就連出門都有困難？

面對非常認真地問我的大使，

我給不出一個好答案。

那天晚宴餐桌上，我們從

「真正的騎士究竟是什麼」到

東西洋禮儀、男女關係，聊了無窮無盡的話題。

如今韓國女性對人生的態度，和以前大不相同。

愈來愈多女性理直氣壯地

做自己人生的唯一角色。

我真心期待人人都是不需要他人協助，

或是充當他人幫手的角色，

而是唯一的角色，活得精采。

我為所有人加油！

為整體打扮畫龍點睛的包包，自己提……

✦ 沒有主人的情書

我在米蘭租了個小房子時，

把奶奶用過的衣櫃，

父親用過的螺鈿書桌，

母親用過的小方桌等

在首爾用過的舊東西大部分都帶過去。

本來我的個性就不是隨意購買新物品，

而且我希望當義大利朋友來我們家玩，

可以和他們聊這些從韓國帶來的舊物品的故事，

告訴他們我的歷史和韓國的歷史。

房子弄得差不多時，為了買小書桌，

也順便去看看那些保有我不知道的某個人歷史的物件，

我們去了一個月一次的米蘭跳蚤市場。

為了找到符合我經濟能力的書桌，逛了好久

才找到我喜歡的書桌。

大小、顏色、形狀都很棒。

那是在 1950 年代生產的書桌，抽屜的深度頗深。

為了擦拭抽屜，我把它抽出來，

可是裡頭彷彿有什麼東西卡住了，

我把手伸進去，結果是一堆資料。

我把已經泛黃的那團資料整理展開，

哇！天哪！

我想那應該是很久以前這個書桌主人收到的

一疊情書。

基於好奇心我讀了幾張，又覺得好像不禮貌，於是

把情書折回去。

「他們是什麼關係呢？書桌的主人已經去世了嗎？

要怎麼把這些情書還給他呢？」

幸好我收著賣家的名片，於是聯繫了他。

只是他的回答令人遺憾，

「我不清楚。

我也是從整理師*那兒接手的。」

既然是和故人完全沒有情感交流的人，

在整理遺物時又怎麼可能參雜感情在其中呢？

遺物不過是故人留下的物品，

不，不過是舊東西。

跳蚤市場的攤商應該只想把東西賣得好價錢吧？

有這個經驗後，

我決定要在活著的時候把平常自己愛惜的物品整理出清。

看著無法交還給主人、被丟棄的情書，

我感到有些苦澀，也算是獲得一個小小的啟示。

每天打開攤位，等到夕陽徐徐西落

就整理坐墊，消失在夕陽中的

攤販生活，不就和我們的人生一樣嗎？

* 　　原文是 sgombratóre，拆除物品、整理遺物之人。

245

何況我們本人不會知道，
什麼時候會離去。

有人留下許多東西，
有人兩手空空離開。
我希望在日後離開人世時，
只要擁有我自己可以照顧到的。

我貪心地希望可以緊抓著我所擁有的物品，
不要慌忙地被帶離人世，
我貪心地希望就算有一天死亡到來，
我身後的位置能夠乾乾淨淨。
希望我的貪心不會以貪心作結，
今天我也和我的分身們進行道別。
將我的黃昏整理得美麗，每一天都很珍貴。

✦ 管別人怎麼過

韓國的公司聚餐氛圍和義大利的有些不一樣。
韓國通常是大致上跟隨主管點菜，
而義大利則是照自己的喜好點餐。

「我今天中午吃了海鮮，
晚餐我想吃肉類。」
「我今天消化不太好，所以我喝點熱湯就好。」
「我在減肥，所以不能吃任何澱粉類。」
他們不學主管或旁邊的人點的餐，
而是說明自己為什麼要點這份餐點。
甚至有人說得滔滔不絕。

他們從小就學習不要影響別人，
在不違反社會規範的底線內，
展現自己的性格，學習表達自己的情感。
他們選擇符合本身性格的工作，

不怕說出自己的意見，

尋找適合自己體質的興趣並且樂在其中。

在一個會讓個性鮮明的女性退縮的環境下長大的我，

要適應義大利人的理直氣壯

著實花了好長一段時間。

表面上裝泰然自若，其實心裡驚嚇了好幾回，

習慣之後，我反而覺得他們的文化非常健康。

當然，近年來韓國的社會風氣也變了許多。

韓國稱「MZ 世代」的年輕人希望自己的喜好能夠

受到尊重，

不會無條件服從，他們理直氣壯。

但是在公司聚餐，

看到直接說出自己喜好的員工，

仍然有一些主管會露出不開心的神情。

也許他們還在從「統一喜好」到「尊重喜好」的路口吧？

Live and let live.

（管別人怎麼過，不過是各自過各自的生活罷了……）
這句經常被用來作為小說或歌曲名稱的話，
融合了寬容精神和個人主義。
打從出生開始就被培養的自尊感，以及
「我是獨一無二」的存在感，
可以打造出一個人人都有個人喜好，再也沒有決定障
礙者的社會。

一個充滿懂得自己個人喜好的健全公民的社會，
可以孕育出好的設計，
在尊重多樣性的氛圍下，每個人
都能展現自己風格，過著自由自在的人生。

別管其他人怎麼過！
我是我，他們是他們。
只要別對社會造成壞處就好。

 服飾變遷史的後巷

我非常喜歡「歷史的後巷[*]」這個寫法。

因為當我們好好探索歷史的線索，

將會發現那些我們未曾懷疑過，認為理所當然的事，

其實一點都不自然。

11 世紀到 13 世紀十字軍東征後，

14 世紀後半開始萌芽的文藝復興時期，

西洋的服飾就開始多元發展。

當時印度、中國、中東的文化開始傳入西方，型態略顯複雜，

文藝復興後的巴洛克和洛可可時代

是人類史上男女服飾最為華麗的時期。

---

* 　後巷（뒤안길）一詞在韓國另有「受其他事物光芒掩蓋，不被他人注目的情況」之意。

巴洛克時代為了妝點女性頭髮，
甚至還要出動超高梯子爬上去裝飾。

也許要脫離日常的繁雜事務，
才有心思裝扮自己吧？
無論東西方，在有下人服侍的階級社會中，
男女的服飾都相當華麗。

影響這些讚揚華麗服飾最大的事件，
就是法國大革命。
法國大革命以後，那些曾經穿著短褲和絲綢襪子的男人們
開始像革命軍一樣穿上長褲，
絲綢外套則是在英國發明出紡織機後，
被紡織機製成的紡織外套取代。
這其實是幾百年來的重大改變。

法國大革命以後，
以市民階級為中心的服飾文化有了翻天覆地的變化。
從英國開始的工業革命尤其為人類歷史帶來重大改變。

後來出現了格紋、條紋等嶄新型態的服飾材料等等，
雖是很自然的現象，但是歐洲的中心——西方服飾的歷史
確實每年都在改變、發展。
負責法國宮廷服飾的裁縫師來到英國，
用紡織機織出多采多姿的布料，每年引領流行，
打造了如今英國男性服飾的基礎。

進入 1800 年代，
英國維多利亞王朝的主角——維多利亞女王、
法國拿破崙三世的妻子歐珍妮皇后*等人，
可說扮演了當時的時尚領袖或說時尚明星角色。
每年穿著不同樣式的服飾在大眾面前現身，
也請肖像畫家留下自己的身影。

1800 年代末期一直到第一次世界大戰爆發前，
被稱為 belle époque，也就是「美好年代」，

---

*   Eugénie de Montijo，法國最後一位皇后，據說她同一件服裝不穿
     第二次。

那是在經歷政治動盪後，歐洲的太平全盛時期。

這個時期出現了我們熟悉的

眼鏡、雨傘、扇子等。

深入瞭解後，才得知這些物品皆是西方和東洋交流

活絡後，

從東洋傳進西洋的。

第一次世界大戰爆發後，西洋服飾就變得更簡潔了。

Art Nouveau，也就是名為「新藝術」藝術論調

替服飾生活劃下新紀元。

就是這個時期，女性服飾界流行的非常特別的概念

以法國巴黎為中心登場。

1883 年出生的可可‧香奈兒於

1920 年開設帽子精品店出道後，

也是在這個時期慢慢累積起實力。

文藝復興後，巴黎成為歐洲文化的中心，

因為文化優先權被奪走的義大利好手們，

例如蓮娜‧麗姿（Nina Ricci）等

也是這個時期開始轉移陣地到巴黎。

此後因再度爆發的第二次世界大戰，
女性服飾變得更加單純、更加現代化。
克里斯汀・迪奧（Christian Dior）也開始嶄露頭角，
引領巴黎時尚界；
可可・香奈兒則是因涉嫌替納粹服務
幾乎要引退，
又在 1950 年代後半重出江湖，
廣受美國人好評，找回她的名聲。

以法國為中心發生變化的時尚界，
1960 年代換英國的瑪莉・官（Mary Quant）閃電登場，
推出迷你裙這個前所未聞的造型。
瑪莉・官於 1966 年獲頒大英帝國勳章。
1968 年最熱門新聞的賈桂琳・甘迺迪（Jacqueline Kennedy）
和希臘船王歐納西斯（Aristotle Onassis）再婚，
而設計婚禮當天禮服的
就是義大利的瓦倫蒂諾・格拉瓦尼（Valentino Garavani）。

格拉瓦尼設計的這套禮服可是讓當時時尚之星們大吃一驚。
當時歐洲時尚雜誌甚至批評義大利的瓦倫蒂諾・格拉瓦尼
給新人「扯後腿」。

1974 年喬治・亞曼尼
將愈來愈多女性出社會工作的社會風貌
反映在服飾概念上，引起話題。
1978 年吉安尼・凡賽斯（Gianni Versace）的出現，
獲得最能呈現女性身體之美的稱讚。
凡賽斯的設計為被法國稱霸的時尚界，
創造出義大利設計師以嶄新方式爭出頭的
一個契機。

因此 1980～1990 年代，
開始有了眾多新系列商品。
尤其是凡賽斯和亞曼尼，受到世界級大明星的喜愛，
前者有艾爾頓強（Sir Elton John）、瑪丹娜（Madonna）
等，後者則有茱蒂・佛斯特（Jodie Foster）、李察・基爾
（Richard Gere）等人。

使義大利和巴黎成了時尚界的兩大重鎮，
扮演時尚界的重要軸心角色。
到了 2021 年，
巴黎、米蘭、倫敦、紐約等四大城市
每年都會有世界級設計師推出兩次
新系列時裝秀。

重新檢視時尚歷史的後巷，
我發現了很有趣的一件事。
雖然時尚一直在變，有時候快、有時候慢……
但那之中有不變的法則。
就是複雜和單純會輪流反覆。
不僅是時尚界的歷史，人類歷史不也是這樣的嗎？

從歷史的後巷中，我看見人生的法則。
歷史會不斷輪迴，
看似許多東西變了，
但其中也分明有著不會變的東西。

成為理解
並給予擁抱的人

이해하고 안아주는 사람이 되어볼 것

責任 책임

✦ 申請器官捐贈

我正一步一步準備死亡。

如果我死了，留下的物品會成為遺物，

但若我在死之前送出去，就成了聊表情意的象徵，

所以我一直在把我的物品分送給周遭親友，作為情意象徵。

有時我也會開玩笑似地跟兩個兒子說，

「如果媽死了，葬禮要辦得簡單點。

節省葬禮的開銷，要轉交給媽服務的社會福利機構。

祭拜就免了。

只是媽身為天主教徒，

媽離世那天，就幫我辦追思亡者的彌撒吧！

那個儀式也是一種祭拜。」

然後我申請了器官捐贈。

2009 年 2 月，我一直很尊敬的

金壽煥樞機主教 * 離世，
聽聞他死後捐贈了眼角膜，我也下定了決心。

詢問了韓國的「同心同體捐贈中心」，
他們說如果捐贈全部器官，屆時將在取下需要的器官後，
火化屍身，大骨絞碎。
但是想要捐贈器官，需要家人的同意。

先生說「想要葬在一起」，尤其力挽我的決定。
「唉唷，你還是趁我在世時多愛我一點吧！」我這麼
說服了他。
兩個兒子則說「媽妳身體又不好，應該很難吧？」
語氣中滿是反對。
「從現在開始對媽好一點，我會健康地活到死去那一天！
想想接受眼角膜移植後，終於能見到光明的病患吧！」

---

* 1969 年被教宗保羅六世封為南韓首位樞機主教，也是當時羅馬天
　主教會內最年輕的樞機。

我用玩笑回覆，堅持申請器官捐贈。

這個決定一下子替我解決了人生後事的煩惱。

申請器官捐贈後，

為了能夠給受贈者健康的器官，

我開始希望既然要死，就不要活得太久。

所以也比較可以放下對死亡的恐懼。

雖然我不知道我會在何時、以什麼方式結束一生，

但是我希望能盡量簡潔俐落地結束。

希望我的死亡對某些人而言會是禮物，

會是滿滿的喜悅。

✦ 用了八年的冰箱

冰箱的冷凍庫漏水，我請人來修理。

因為冰箱買的是正品，而且才用了八年，

我以為一定可以修理。

但是叫修隔天來訪的技師

（這是韓國的優點，其他國家如果找人修理，

大概很難想像隔天馬上到府服務）

檢查冰箱後，露出不知如何是好的表情這麼說。

「不好意思，這個冰箱製造的工法是沒辦法修理的，

所以你們得買新的冰箱了。」

「啊？才用不到八年耶！

而且怎麼會生產不能修理的冰箱呢？

以前不可能這樣的啊！

完全沒有修理過，用起來也沒什麼問題，這樣就要丟掉嗎？」

無論是什麼東西，我都習慣

維修到壽終正寢為止，

這個狀況讓我怒火中燒。

但是這不是技師的錯。

我耐住心中的火，盡量態度恭敬地問技師，

他詳細說明了為什麼不能維修。

以我大致理解的內容，

就是說現在不用以前焊接的工法製作，

而是一體成形製造的冰箱，

所以無法拆解。簡單來說，

就是輕鬆購入，用一用就可以丟了。

這麼大塊頭的冰箱，又要變成地球一角的

垃圾了……

那麼，該怎麼辦呢？

科學技術的發達，真是完全不令人樂見啊！

我對垃圾很敏感。

我認為沒有東西比乾淨、整理過的東西更美的了。

這樣的我，

在每年創造新流行的領域工作，

還有比這個更矛盾的嗎？

我的悲劇就是這點。

也許是一種對於我的過去的懺悔吧？

站在每季推出新衣服先鋒的我，

現在努力保護自然環境。

不僅是衣服，家具、餐具等眾多物品，

我都是用到壽終正寢為止。

電子機器也只使用必要的家電。

盡可能不要留下我曾來到地球的痕跡，

把後續整理都做完再離開。

結果還是無可奈何買了新的冰箱。

然後試著計算未來我活著

還需要再買幾臺冰箱。

因為不知道我會活到什麼時候，所以答案不得而知，

但假設我還會再活 10～20 年的話，

可能還得再買一兩臺。

就算是很久以前買的、用了 20 年的冰箱，就算外型
再笨重，

也可以拆解，維修後繼續用，

才用了八年的冰箱外型俐落纖細，

結果零件卻不能拆解，只能整臺報廢！

機器的壽命愈來愈短，人類的壽命卻愈來愈長，

人一輩子要用的家電產品數量肯定愈來愈多。

那麼垃圾也會大量增加，堆積如山吧？

隨著醫學技術發達，人類壽命增加，

為什麼科學技術如此發達了，

機械的壽命反而變短呢？

據說有一個大約是韓國面積 15 倍大的垃圾島，

又稱「太平洋垃圾帶」(Great Pacific Garbage Patch，
GPGP)

座落在太平洋。

全世界垃圾都聚集在那裡，因而形成一座巨大的島。

這個垃圾島大約 80% 左右

都是塑膠垃圾，得知此事後，

一想到把塑膠當成食物吃下肚的海底生物，

幾乎讓我睡不著。

某天將會被大型垃圾吞噬的土地和大海……

地球的未來實在令人擔心。

對湯匙階級論有感而發

不知從何時起,「湯匙的材質為何」變成熱門話題。

出生於富裕家庭的就是金湯匙,

出生時家裡環境不好,

沒有父母親的支援也沒有可以繼承的財產,就是土湯匙。

話先說在前頭,我反對湯匙階級論。

湯匙階級論是用父母的財產來劃分子女的階級。

但卻缺乏了一個人擁有的可能性、熱情、誠實……

聽了金湯匙和土湯匙的話題,

我想起我用了一輩子的湯匙。

我用過……銀湯匙。

但是因為用了還要清洗,很麻煩,

所以我改用設計漂亮的不銹鋼湯匙。

最近使用木製湯匙,我非常喜歡。

首先，湯匙又輕，質地也很舒服。

盛裝滾燙的湯汁也能降低一點溫度。

土沒辦法直接捏成湯匙，

所以用紅黏土或高嶺土捏成的瓷勺，

大概可以說這就是土湯匙吧？

土湯匙既漂亮，用起來也方便，

怎麼可以小看土湯匙呢？

我知道湯匙階級論並不是單純的比喻。

只是，我實在不喜歡用湯匙材質區分人的出身，

忽視每個人的潛力，

所以想諷刺一下罷了。

真的想要用材質區分，

那麼豪門子弟大概會是鑽石，

如果天生連父母是誰都不知道

就來到這世界的人，

不，應該說被扔在這世界的人，

應該是連湯匙都沒有的無湯匙族了吧？

人人都知道的，

空手來、空手去是人世間的道理，

就算你含著鑽石湯匙出生，

要怎麼運用那個湯匙，

要和誰吃飯、和誰共度一生，

掌握在握著湯匙的人身上。

有的人丟下鑽石湯匙，

親手了結短暫的一生。

就算是無湯匙，也有不少人努力吸收養育者給予的愛，

將養育孩子的修女們、社會福利人員給予的

高貴奉獻當作養分，

種出幸福人生。

這是 25 年來我在育幼機關從事志工服務獲得的寶貴教訓。

我還學到一點。

鑽石湯匙也可能錯失，

普通湯匙也可能轉變成金湯匙。

280 天的胎教、出生後三年所接受的愛、

七歲以前從溫暖經驗中獲得的力量……
這些因素聚集起來，都可能改變最初拿到的那根湯匙。

無論是父母或是養父母，
孩子從養育者得到的溫暖關愛及經驗
會成為支撐他們一輩子的力量，
當他們面對困境時能夠不被擊垮，重新站起來。
也就是人家說的，就算住在好房子、吃著上好的料理
長大，
若沒有值得倚靠的養育者，未能接受、付出過溫暖的
關愛，
他們的彈性恢復力很快就會枯竭。

即使被父母拋棄，在育幼院長大，
只要有可以倚賴的養育者，有過溫暖愛護的交流，
就會產生一股自己創造金湯匙的力量。
情緒的呵護和體貼就是這麼重要。

滿桌子山珍海味，卻少了溫暖的餐桌，

獨自一人吃著幫傭煮的飯菜長大的金湯匙，

和雖然簡樸卻充滿溫暖，

一家子開心聊著一整天發生的事長大的土湯匙，

哪一邊的彈性恢復力會比較強，

不用問，我們都知道。

反正我們也不能選擇父母。

只是在出生之後才知道，

原來我是金湯匙或土湯匙。

如果說一定要分等級，

那麼不要用自己不能選擇的指標，

改用自己選擇並且創造的指標來評估每個人，怎麼樣？

不要靠父母的財產和年薪決定未來，

而是對於每個人的熱情和潛力給予高度評價的

那種理想社會，如果我夢想有這樣的社會存在⋯⋯

代表我還是太天真嗎？

✦ 媳婦不過是兒子的另一半

久違地去了一趟米蘭，回韓國後同學們約了我見面。

聚會的原因是因為好奇我的近況。

但是我連開口的機會都沒有，

某個最近剛娶媳婦的同學，

搶走了所有發言權，掌握全場。

媳婦的家庭環境、對親家的看法、

幣帛 * 時給了多少見面禮、新人給長輩送的禮盒有什麼，

最後是禮緞……

那位同學十分努力炫耀，但我只想遠離這些話題，

把耳朵摀了起來。

雖然韓國和義大利文化有差異，

---

* 　幣帛（폐백）是韓國傳統婚禮儀式，由新人向長輩行大禮，長輩接
　　受跪拜後也須給出禮金。除了行禮和給禮金之外，還有夫妻喝交杯
　　酒、拋接紅棗和栗子來預測將來的子女數（紅棗的個數代表會生幾
　　個男孩、栗子的個數代表會生幾個女孩）等習俗。

但其實不管去到哪，人類生活的樣子都差不多，

喜怒哀樂的基本情緒也都相通。

但是兩個國家的結婚文化可是天差地別。

義大利的婆婆會當媳婦是

兒子的人生伴侶，或像朋友一樣對待。

義大利也有對婆婆的尊稱，

但不像韓國一樣，媳婦要對婆婆用最高層級的尊稱。

當然，每個家庭都會有些文化差異，

有的人甚至可以直呼婆婆名諱。

義大利的家庭文化

在南部或北部有一點差異。

南部比北部保守一些，

婆媳之間的矛盾也多少有。

就我的觀察，

丈夫愈大男人主義，婆媳間的矛盾就愈嚴重。

因為丈夫個性木訥單調，享受不到溫柔，

那份執著就轉向兒子，

最終導致婆媳問題。

義大利南部地理上和非洲接近，

有很多帶刺的仙人掌等熱帶植物。

其中最多刺的仙人掌名稱，

就叫做「婆婆的抱枕」(Cuscino della suocera)*。

乍看外觀柔軟，要是被仙人掌刺到，那可是痛得受不了。

這讓我想起韓國一句俗諺說

「婆婆的壞心眼是天生的」。

即使義大利南部算是保守，

但他們一樣可以直呼婆婆的名字，不用敬語。

我偷偷問朋友怎麼直呼婆婆名字，

朋友說，

「婆婆要我喊她的名字，就像朋友一樣。

---

* 　金琥，或稱象牙球，是強刺球類仙人掌的代表。

她請我不要用敬語。」

當年幼的孩子請求幫忙，義大利的父母
會不惜犧牲自己去協助，
但當孩子長大成人，就不會干涉或罵孩子。
他們不會說趕快結婚、趕快生個孫子等等。

結婚是孩子的事，生育計畫也是孩子的事。
甚至離婚也是孩子的事。
婆婆和媳婦雖然關係親近，但不會越線，
家人之間也會保持適當距離。

我認為合乎情理又平等的義大利結婚文化
更加合理，
所以看到把婆婆當成好像官職頭銜一樣，
把兒子結婚鉅細靡遺地轉播的同學，讓我覺得距離很遙遠。
我也有兩個兒子。
我該用什麼樣的態度對待兩個兒子的伴侶呢？
我把自己的心態改正過來。

結婚就是
春花和秋花的相遇

「明淑啊,對不起。」

「嗯?怎麼這麼突然?」

從歐洲玩回來的母親突然道了歉。

「要是我早點看到廣闊的世界,

體會新的道理,

就不會用盡各種威脅,要妳早點嫁人了。

這次去了北歐,他們男女生都是從結婚前就開始同居了。

假如我是出生在北歐的現代年輕人,

也想要這麼過看看。

要是可以一起生活過,再決定要不要和這個人

過一輩子的話,

該有多好啊!」

「是啊!義大利也有句俗諺說

『連續三天一起喝過濃湯,才能瞭解對方的內在』。」

「就是說啊！早點知道的話就不會害我女兒受苦了，
想要念的書，想要做的事⋯⋯
我應該讓妳盡情放手去做的，真對不起。」

結婚前，我說要自己去留學時，
暴跳如雷、慫恿我趕快結婚的母親
居然一下子改變這麼多，讓我覺得很神奇。
回想起來，當時韓國真的非常保守，
要讓女兒自己去留學，只有思想夠開放的人
才可能做到。

我上大學的 1970 年代，
還有人把女大學生的價值比喻成礦物，
說一年級是金，二年級是銀，三年級是銅，
實在是讓人無言的輕浮笑話。

韓國風俗中改變最快的
就是結婚風俗。
最近韓國的年輕人不再執著於結婚。

也有不少人認為可以先同居看看再結婚，

或認為結不結婚都好。

我是站在現在年輕人這邊的。

時代在改變，我尊重年輕人的想法。

女性負責煮飯、洗衣，在家裡做家事，

男性則負責家庭經濟出外工作的時代，已經過去了。

現在是男人和女人一起負責家事、家務成為

自然現象的時代。

女人和男人都要滿足於自己的生活，

才能讓人生伴侶的另一半彼此感到自在舒適。

如今是家庭之中男女的角色

以及社會上男女角色該重新建立的時期。

有一件事讓我重新思考起結婚的觀念。

某天，我得知一個義大利朋友離婚。

她和配偶同居 20 年後結了婚，

結果結婚三個月就分手了。

聽了義大利朋友的說法，

雖然我沒辦法百分之百同意她，

但也有一些地方我認同。

「身為同居伴侶時他只要當我的男人就好了，

但是一結婚後，我就要管兩個家庭的大小事，

太多事情要花心思了。

就因為我是女人，要負責扮演的角色實在太多了。

先生不必再處處呵護，也就不像以前一樣體貼我了。

我只想當一個男人的女人。

才不要當婆婆的媳婦，成天緊張兮兮地過日子。」

韓國的男人也該緊張起來了。

男人的父母親也是。

女人們也是，女人們的父母親也該改變態度。

將女婿視為百年客人 * 盡心服侍的風俗也該改變了。

---

* 　意思是就算過了百年，也無法輕鬆當成子女對待，而是需要尊重的
　　客人。在韓國用來指稱女婿。

不管是媳婦還是女婿，都要同樣當成一個「人」對待。

我不是想要鼓勵同居，
或主張自己為自己找出路。
我想說的是，我們都需要保持一點適當的距離。
過度的干涉會成為矛盾的開端，
因此需要尊重各自生活，為對方著想的文化。
義大利俗諺說，「和不好的對象在一起，不如自己
過日子來得快活。」
的確有一點道理在。

到底結婚是什麼呢？
不就是男女相遇，約定好要一起共度喜怒哀樂嗎？

也許一開始是相愛，
但如果結婚是因為周遭人的眼色和碎碎念，出於無可奈何，
我想勸你不要這麼做。
**就像春天盛開的花，夏天綻放的花，秋天開出的花
都各不相同，**

我們每個人開花的時期也不一樣。

我們不能要求在寒冬綻放的梅花或玉蘭，

改在炎熱的季節開花。

也不能要在炎熱季節盛開的劍蘭或鳳仙花，

改在寒冷季節開花。

不要因為任何人的強迫，而是照自己的本性

去遇見自然吸引的對象

共組家庭，才是最理想的。

結婚不要受「適婚年齡」之類的特定數字壓力而結。

結婚不要受到特定時期的觀念限制，

而是隨著心之所向。

這樣才能讓幸福更長久，不是嗎？

✦ 用「那又怎樣」的態度

偶爾家長們會這麼問，

「我想讓孩子當時尚設計師，應該怎麼做呢？」

如果問這問題的家長看起來有一點嚴格，

我一定會問這個問題。

「您教孩子時很嚴格嗎？

他很聽話嗎？是乖乖牌類型嗎？」

如果回答是「非常乖的學生」，

我會勸他引導孩子走別的路。

如果這類型的孩子想要進入時尚界，

我通常會試探性地建議

要不要朝時尚產品企劃或是企劃部門工作方面考慮。

這麼一說，

他們會問為什麼好學生不能成為時尚設計師。

那麼我會誠實回答。

「因為一個遵守既定規則，非常聽父母話的模範生，

我們很難期待他會有奇特的點子。

所以頂多會做出像制服一樣的東西。

這一行要走的是別人不會走的路，想別人不會想的事，

是不斷創造嶄新服飾的工作。

但是您如果從小就教育嚴謹，

當他進入時尚界當設計師，

內心一定會碰到相當大的矛盾。

因為要打破自己的框架出來是很困難的。

想要打破舊的、既有的框架，

天生反骨的人

愈有可能成為有能力的設計師。」

如果家長看起來對美術有些造詣，

我會舉藝術家作為例子。

「達利 *、孟克 **、馬格利特 *** 這些作家的創作動力
來自於他們不尋常的傷口。
雖然有的人認為那種動力是
瘋狂，是狂熱的感性。
也許可以說，是那些被壓抑、匱乏的憤怒爆發，
像活火山一般的能量，
造就了有創意的設計師。」

如果他們問我歐洲時尚界又如何，其實我會更尷尬。
於是盡量保持冷靜客觀，
把現實情況如實傳達給他們。
「這個世界的生存競爭比我們想像的還要激烈，
當然，所有事情都是這樣的。
有卓越的創意力是基本，體力也要過人。

---

*   Salvador Dalí，西班牙超現實主義畫家，以仿如夢境般的精采藝術
    作品聞名。

**   Edvard Munch，挪威表現主義畫家，《吶喊》是他最著名的作品。

*** René Magritte，比利時超現實主義畫家，其作品中的人物五官總
    是被不相干的物品遮住或是取代。

無論是在歐洲或韓國時尚界工作，都是如此。

還要很會察言觀色，很有耐心，

自尊心必須爆棚，再加上……

對同事的性別認同也要保持開放的態度。」

生活在 21 世紀的家長，

很多人在一定程度上瞭解時尚界的生態，

拐彎抹角地提問。

「您說要對同事的性別認同保持開放態度指的是？」

我也不多加美化，直接告訴他們。

「很多人是同性戀，但是這很重要嗎？」

家長們帶著一半好奇、一半警戒的表情繼續問道，

「真的那麼多嗎？」

我毫不遲疑地說，

「在歐洲，設計師的性別認同完全不是問題。

他們打造出來的時裝秀內容才是重點。

接受原本面貌的寬容（tolérance）世界，

就是歐洲時尚界的全貌。

但是比起性別認同更重要的，

是在高度緊張環境下顧好精神健康。」

聊到要告一個段落時，家長們的好奇心濃縮成一句話。

「那，老師您也有很多這類的朋友嗎？」

這個問題一拋出來，就表示對話差不多要結束了。

「當然，他們的性別認同和我的人生有什麼關係？」

我告訴他們一些身邊要好的性少數群體的故事。

雖然我不知道聽了這些故事後，他們是否能夠理解

性少數群體，

或者打破多少的偏見，

但怎麼想是他們的事，

我不過是說出我的感受罷了。

我身邊有很多同性戀友人。

我可以理解他們生活的沉重。

不，是努力想理解。

身為朋友就該有這種程度的義氣才叫朋友，是吧？

義大利原先也不是對性少數群體寬容的國家。

寫出〈卡羅素〉(Caruso) 一曲的創作歌手

盧喬・達拉（Lucio Dalla）

也在隱藏自己性別認同，後來出櫃時廣受批判。

義大利雖然社會風氣保守，

但隨著時間流逝，開始注重寬容精神，

逐漸轉變為和平共處的風氣。

和同性戀朋友變熟後，我明白了一件事──

他們也是平凡人。

他們都有溫暖且單純的品行，

就算一開始有小小的偏見，他們也能讓偏見消失不見。

他們對自己誠實，所以即使面臨各種偏見歧視，

仍然選擇了同性戀這條艱難的路……

我這麼推測。

一部令我印象深刻的電影，

是幾年前在韓國上映過的

《波希米亞狂想曲》(*Bohemian Rhapsody*)。

這部電影將搖滾樂團「皇后樂團」主唱

佛萊迪‧墨裘瑞（Freddie Mercury）的音樂旅程拍成作品，

我還記得劇中佛萊迪母親說過的話。

他母親在電話裡聽到兒子說出

自己的性別認同後，沉默了一陣子，回答：

「這份選擇很艱難，你將需要和社會的偏見對抗。」

方濟各教宗也曾這麼說。

「不能因為同性戀者是性少數群體，

就要因為這個身分而過得悲慘。

身為異性戀者但壞事做盡，

身為同性戀者但積善成德，

神會站在哪一邊，我也不知道。」

只是，與生俱來的才能和熱情根源於何處，

難以用一句話道清楚，這其中的複雜微妙，

確實有些令人困惑。

我希望能有個人人和平共存的烏托邦。

✦ 什麼才是更重要的？

我讀了趙南柱作家的《82 年生的金智英》一書。

義大利報紙

也曾介紹過這本爭議作品，和「媽蟲」*一詞一起。

我也偶然看了改編自同名小說的電影。

「82 年生的金智英」和「52 年生的張明淑」人生不斷重疊，

甚至讓我很難入戲。

我結婚後隔年就生了大兒子。

大兒子的第一個生日過後，我鼓起勇氣執意念碩士班，

念碩士班時，就和當時在大學執教鞭的先生一起

去義大利留學。

留學生活雖然順利解決了不少障礙關卡，

但我也犯了一輩子最大的錯誤。

***

*　맘충，結合英語 mom 與韓語「蟲」的新造字，用來諷刺家庭主婦
整天無所事事，只會像吸血蟲般吸老公的血過活的歧視用語。

當時韓國和現在不一樣，

去國外留學本身就很少見，

想去國外留學，還得先通過國家考試。

再加上 1978 年以前，

是禁止夫妻同時出國的。

通過國家考試的其中一方先出國，

另一半必須等六個月後才能跟著出國。

而最大的問題是留學時

不能帶著孩子一同前往。

一家人去國外不僅需要龐大經費，

更怕的是全家人不會再歸國。

但是我沒辦法放棄畢生夢想的留學，

雖然年紀輕輕當了母親，

我也不能這麼丟下孩子離開……

要煩惱的事情多的是。

走投無路下，我去找負責諮商兒童心理的

一位小兒科醫生。

聽了好一陣子我的煩惱，醫生這麼建議。

「妳已經餵了兩年五個月的母乳，

就算和媽媽分開，

只要他能獲得固定養育者的愛護，

小朋友不會有太大影響的。」

最後我含著淚，

把孩子交給父母親，踏上留學之路。

在義大利留學初期，不算太開心。

因為捨不得孩子要和媽媽分開，

也對替我扛起養育責任的父母親愧疚，

我經常夢見我回到首爾。

義大利的年輕女性大部分上班賺錢，維持雙薪家庭，

但是她們多半住在離公婆家或娘家近的地方，

可以獲得支援，兼顧育兒和工作。

看到其他媽媽工作的同時也不忘關心

自己的年幼孩子，我的煩惱自然愈發加深。

「雖然很可惜沒錯，是不是唸到這裡就好了？

該回去韓國嗎？」

只要看到和我孩子年紀相仿的小孩，

眼淚就止不住地滑落。

當時的通訊還不如現在發達，

我只能靠父母親寄來的信稍稍撫慰對孩子的思念。

但是，好像有人說「窮則變，變則通，通則久」吧！

先生的朋友在義大利任職外交官，

聽了我們的故事後，建議我們寫信去外交部請願。

聽了之後我馬上就寫了請願書。

「我絕對不會受第三世界的引誘，

完成學業後必定即刻歸國。

（當時南北韓互相對峙，

加上發生過東柏林事件 *）

* 1967 年韓國中央情報部宣稱，當時在德國和法國的 194 名留學生
和僑胞透過東德的北韓大使館進出北韓接受間諜教育，並參與赤化
南韓活動，予以逮捕並嚴加拷問逼供。同年底有 34 人被宣告有罪，
不過最高法院最終審皆改判無罪。2006 年國情院真相調查委員會
認為當時情報部的主張有失偏頗，並建議國家應為當時的非法逮捕
及拷問道歉。

生活費匯款也不會超過限額，

請讓我們可以帶兒子來義大利吧！」

精誠所至，金石為開，外交部捎來令人喜悅的回覆。

回信上面說，只要義大利當地人為大兒子做財力保證，

就可以帶他去義大利。

於是一位我的義大利好友成為兒子的保證人，

時隔一年，我們終於可以平安帶大兒子

到義大利生活。

神奇的是，開始和大兒子生活後，

我再也沒有做過回首爾的夢。

和年幼的孩子相隔千里，

將孩子教養交給年邁父母，

我犯下這輩子最大錯誤後學到一件事——

自己該扮演的角色和責任，必須自己承擔。

有些責任是不能推給他人，也不能卸下的。

直到現在，我去探視修女和那些在育幼院的小天使時，

仍會想到那個小時候和媽媽分離一年的

大兒子，讓我愧疚不已。

社會上有各種制度和考試。
但是為什麼沒有成為夫妻的考試，沒有成為父母的
考試呢？
如果有這種考試，我一定名落孫山。

有機會我一定叮囑職業婦女或後輩們：
「教養也是有時機的，錯過時機就很難挽回。
當然職業生涯也很重要，
但是世界上最有價值也最寶貴的角色之一，
就是成為好的父母。
請務必瞭解生活的優先順序，深入瞭解生命的本質。」

義大利哲學家兼小說家安伯托‧艾可（Umberto Eco）
生前曾經這麼說：
「人類能夠超越死亡的只有兩件事，
一是留下好文字，
二是留下好孩子。」

엄마! 집에는 안 계시지만
새해복 많이 받으세요.
그리고 바르게자라 둥이이시만세요
안부 전화 해요

✦ 婦女節這天

為了紀念婦女節，

我接受休閒服飾品牌雜誌的訪談。

訪談中記者問我，為什麼紀念婦女節

很重要。

「因為女性曾經有過抵抗壓迫的歷史，

才能有現代女性的存在。」我用這句話當開場白。

近年來韓國的女性也用各種方式

為自己發聲。

紀念婦女節的方式也愈加多樣化。

但是目前仍止於以市民團體、女性團體、勞工團體為中心

發表聲明和短暫響應活動，實在可惜。

在義大利，他們用特別的方式紀念婦女節。

男性會為身邊女性送上一束含羞草花束。

第一次在義大利過婦女節時，

身為異鄉人的我對於這個特別的舉動
覺得好像很浪漫，又非常陌生，
另一方面，也想著
為什麼他們還要特地這麼做。

其實，第一次收到含羞草花束時，
美麗又燦爛的小黃花十分顯眼，讓人開心。
也很感謝男人表現出尊重婦女節的態度，
帶著溫暖的笑容
送出花束。

但是在我知道婦女節的由來
和含羞花的花語後，我的想法變了。
可惡！早知道我就用最酷的方式拒絕掉……
含羞草是一種碰了就會輕輕震動的植物，
所以花語也是「敏感、細膩、害羞」等。
據我所知，含羞草花只要一碰，很快就會凋謝，
難道是因為這個特質很像女性，所以才送含羞草嗎？

突然很想往那個送我含羞草花束的人臉上⋯⋯

（不，還是沒辦法這麼做）

我很想把花束再還回那個人手上，

然後說，

「比力氣，我可能輸給你，

但無論是我的意志或靈魂，絕對不會像含羞草，

所以你把花拿回去吧！」

1857 年 3 月 8 日，從事製衣及紡織業的

紐約女性勞工為了向大眾投訴身為女性及勞工經歷的

各種歧視，組成勞工團體。

在那之後又過了約 50 年，也就是 1908 年，

有 1 萬 5000 名女性走上紐約街頭，

要求女性應有合理收入及參政權。

她們高喊

「女性要麵包和玫瑰！」

麵包象徵擁有為生計工作的權利，

玫瑰則象徵女性的參政權和人權。

這次示威成為一個契機，隔年 1909 年 2 月 28 日
美國全境宣布為「全國婦女日」。
在美國的示威遊行引起眾人注目，最後進一步成為國際
聯合行動。

1910 年 8 月丹麥的哥本哈根
舉行第二次國際女性勞工大會，
當天德國的女性運動家克拉拉・柴特金（Clara Zetkin）
提議要將婦女節變成國際紀念日。

隔年 1911 年 3 月 8 日，世界各地
舉行了婦女節集會及活動，
高喊保障女性參政權及勞動權，並要求廢除差別待遇。
在這系列活動熱度尚未退散之前，不出一個月，
紐約發生三角襯衫工廠火災 *。
因為死者大多是女性，消息一傳開，

---

* 發生於 1911 年 3 月 25 日，造成 146 名女性死亡，是美國紐約市史
上最嚴重的工廠職災。

更加引起大眾對女性勞工人權的關注。

之後又經過好多年的波折，
聯合國將 1975 年制定為婦女年，
1977 年 3 月 8 日擇定為婦女節，
一直到婦女節成為正式節日之前，
歷經了漫漫歲月。

儘管大家每年紀念婦女節，
但是直到現在，仍然有些女性遭受嚴重傷害。
比如紳士的國度英國，
因男性行使暴力而死亡的女性，
在過去十年之間就多達 2075 名。
義大利也有新聞報導夫妻因義大利麵太燙起了口角，
最後先生殺掉太太。
雖然我們不知道詳細內幕，
但一個人去奪走另一個人的性命，
而且是做先生的奪走太太性命！
想到被打死的女人，我就渾身起雞皮疙瘩。

「七去之惡」*

「女人就像明太魚，三天要揍一次才行。」**

「太太的娘家就跟廁所一樣，離愈遠愈好。」

「女兒就讓她嫁去務農的人家做活，

媳婦要娶家裡有頭有臉又有氣質的進門。」

這些瞧不起女性、女兒、媳婦的話，

充滿極度男尊女卑思想的俗諺，

把女性可以扮演的角色和能力設下限制的用語不知凡幾。

從東南亞來到韓國的女性、媳婦、妻子，

對於她們的艱辛故事，我們又抱持著何種態度呢？

---

*　七去之惡，此為朝鮮時代儒教思想下生出的惡法，意思是可以休妻
　的七大理由，包括：不孝順公婆、不能生育、品行不端不潔、好妒、
　染上傳染病或不治之症、愛嚼舌根並因此捲入是非、偷竊。

**　這句俗諺的意思是明太魚（鱈魚）要敲打肉質才會變軟，女人也是
　要揍才會聽話。

現代女性雖然生活在比過去更進步的環境，
但依然會碰到不平等的事。
似乎還不是百分之百可以慶祝
婦女節的時候，
要走的路還長著。

女性和男性不過是性別認同的差別，權利和義務
是相同的。
男人節不是聯合國指定的正式紀念日，
但婦女節卻是聯合國指定的正式紀念日。
為什麼不好好紀念男人節呢？
「玻璃天花板效應」一詞會用到什麼時候？
希望男女平等、彼此能和平共處的日子盡快到來。

✦ 節日難道就不能是
　　大家都開心的日子嗎？

逢年過節對有些人而言可能很歡樂，

但對其他人而言卻是勞動日——

不是為了改善工作條件或穩固團結意識的日子，

而是要求媳婦們犧牲的日子。

節日一到，許多媳婦就會得「節日症候群」。

在美國則稱「holiday blues」，

為節日到來倍感壓力。

問題在於過節的準備完全落在媳婦身上。

我自己也忘不了婚後碰到第一個大節日時感到的不公平。

婚後不久就懷孕的我，

因為害喜嚴重，光聞到食物味道就很難受，

但還是咬牙進了廚房做菜。

婆婆這樣我也就算了，

但是身為同輩的大姑小姑也只是坐在婆婆身旁
享受服侍的模樣，我實在無法理解。
我不期待給剛進門的媳婦或是孕婦禮遇，
但為什麼只有媳婦要流著滿身大汗做事呢？
我很想抵抗這份不公平。
這不是能夠用一句「以前也都這樣」就說得通的，
我很想說，就算在以前「也不能這麼做」。

當時的不公平成了如今的反面教材。
那時候我下定決心，如果我也當了人家的大姑或大嫂，
絕對不會光坐在旁邊休息。
也許是因為這樣，之後我一直很努力維持「冷靜」的關係。
（如果去問我大嫂或小嬸我人怎麼樣，她們會怎麼
回答呢？
雖然這麼問，人家會覺得很難回答就是了。）

大約在對過節日所感受到的不公平已經高漲到警戒線時，
我就去義大利留學了。
暫時不在韓國扮演媳婦角色，

我在義大利觀察了他們的過節習俗，並且一同參與。

留學生活第一年，
我被邀請參加當地熟人舉辦的年末聚會。
聚會開始時間是晚間八點，
場地在某一個人家裡。

最新鮮有趣的是 pot-luck party。
接受邀請的賓客各自從家裡
帶一兩樣料理過去。
把每個人準備的食物擺在大型餐桌上，
就這樣完成豐盛派對的文化實在太新奇了。
現在 pot-luck party 已經是廣泛使用的詞了，
但當時卻是第一次聽到的陌生詞彙。
他們不像韓國年節一樣，媳婦得負責所有料理，
而是各自準備自己擅長或喜歡的料理，
一起坐下來共享美食，這點真的很好。
再加上年底最後一天可以這樣和朋友聚會……
首爾的所有媳婦們

應該都在婆家忙著打點菜色吧……

酒足飯飽後，大家跳舞、表演才藝，一下就到了凌晨。
在韓國大家早早入睡，又一大早起床
準備祭祖，煮年糕湯的時間 *，
義大利人剛進入夢鄉。

也許因為這樣，大年初一義大利的街頭
冷冷清清。
大家前晚都吃吃喝喝，玩到很晚才睡覺，
等到日上三竿才開始有人影出現。

義大利風俗中
聖誕節和復活節要和家人一起度過，
年末聚會則是和朋友一起，

---

* 　韓國習俗新年當天大多是早上祭祀、吃年糕湯，象徵多了一歲。國
　　曆和農曆大致相同，也有人在國曆新年 1 月 1 日凌晨 12 點拜拜，
　　早上就不另外拜。

家庭聚會的餐點從不由特定一個人準備。

每個家庭、每個城市

可能有各自的傳統習慣，

但從沒有哪個家庭是媳婦自己一個人張羅的。

如果婆家人口眾多，決定在哪邊聚會後，

家庭成員都會準備自己最擅長的料理過去，

一起擺桌共享，共同整理。

無論男女老幼，大家都盡自己的能力一起做。

比如先生和太太準備食物，

那孩子們就幫忙擺上餐桌，

長輩就負責準備葡萄酒等飲品。

義大利人不祭祖，

他們到聖堂去舉行追思彌撒。

如果覺得只進行彌撒就各自道別很可惜，

還想多一些儀式感的話，

就會由和亡者最親近的人，

準備亡者生前喜歡的料理，

招待參加追思彌撒的人，

或是到附近餐廳，舉辦追思故人的聚會。

用餐的同時，也可以聊聊有關亡者的回憶故事。

我從義大利和歐洲的節日文化學到一件事。

在公婆家，媳婦是客人，

在兒子和媳婦的家，公婆也是客人，

當然可以互相幫忙一些簡單的事，

但是他們的文化風氣是，只要來到我家的，皆以賓客

身分款待。

因為媳婦不需要穿上圍裙進廚房，

產生心結的機率自然減少。

這樣的風氣下就不可能會有節日症候群。

甚至我也看過做公公的親自下廚，

讓全家人能開心享受過節。

看到我被這幅景象嚇到嘴巴合不攏，

我的義大利朋友笑著說

「我公公的興趣是下廚啦！」

我經常想，

如果想祭祀，那就祭祀。

但如果不是那樣，

不如選擇能夠真心追思亡者的其他方式怎麼樣？

比起勉強得來的款待，

祖先會不會更喜歡子孫真心思念他們呢？

據說每年年節一過，離婚率就會上升。

要是有法律規定每一家要準備一定的食物

帶去一同享用，該有多好。

難道沒有減少夫妻間的矛盾，又能預防離婚的

好辦法嗎？

我希望節日可以變成人人期待的日子，

所有人能夠真心享受的歡樂日子！

✦ 給政策立案者

這是我小時候的記憶，記得我小學三年級讀報紙
看到「強盜殺人事件」的標題。
當時殺人事件是用漢字寫的，
我因為看不懂向長輩詢問，他們說那就是「殺了人」的
意思。
聽了這句話後，好幾天我都嚇得睡不好，
還記得我把被子拉到頭頂躲在裡頭。
這是我人生第一次感受到毛骨悚然。

看到為了一點小數目的錢就殺害他人的報導，
長輩們為之瞠目結舌，說道
「世界末日了，怎麼可以披著人皮，
做出這種豬狗不如的事。
先有了人才有錢，有了錢也不代表會做人……」

然後他們又補充道，

「人要過得像個人啊！」

那時候我就想

「像個人」究竟代表什麼呢？

以前長輩說做了人類不該做的行為，

不像人的人是「披著人皮的惡魔」。

小時候第一次聽到「人皮」時

還不大懂，所以問了奶奶，

她告訴我

「那是住在地獄的惡魔戴上人類面具」的意思。

最近有件事讓我陷入好一陣子的憂鬱低潮。

是引起南韓全國公憤的鄭仁事件 *。

鄭仁的養母自己也是生養女兒的母親。

據說女人生孩子後就會分泌催產素，

---

* 　2021 年南韓發生的虐童案，女童鄭仁在被領養的一年內慘遭養父
　　母虐待，最終不幸死亡，激起民眾憤慨。

對別人的孩子也會多生出惻隱之心，

又怎麼會披著人皮做出如此邪惡的事呢？

我無法忘記在新聞中看到鄭仁的最後一面。

看起來那麼聰穎的年幼靈魂，臉上卻滿是驚恐。

死前在幼兒園被拍到的鄭仁

只是看著門，一動也不動。

彷彿在問「為什麼要這樣對我？」

表情淒然。

她問的也許是虐待自己的養母，

也許是拋棄她的生母，

也許是這個社會。

不，也可能是同屬這個社會的我。

那個淒慘又純潔的孩子在我的眼前徘徊不去，

我把手放在胸前，懇切地為她祈禱。

「是啊，可愛的孩子，身為大人我很抱歉，真的很抱歉。」

出生不過 18 個月就又離開人世的鄭仁

該有多痛苦，有多難受？

我能夠說什麼安慰她呢？

身處同一時代的長輩沒能照顧到孩子，

只有滿腔的抱歉道不完。

鄭仁離世後的悲傷還未褪去，

在龜尾一間小公寓又發現已經變成乾屍的三歲女童。

連日來看著這件被稱為「鄭仁翻版」的新聞報導，

心情又變得沉悶無奈。

不只這些事件，

還有把九歲繼子塞入行李箱，

人站在上面跳，

還拿吹風機灌熱風進去，虐死繼子的繼母。

也有用燒紅的鐵塊燙九歲女童的繼父和親生母親，

以及說「只是因為孩子哭所以把他扔掉」的親生父親。

碰到這些犯下慘不忍睹罪行的人，

我嘆氣，痛惜，甚至感到比那更深的情緒湧上來。

不久前我讀到獨自死去的年輕人故事。

他在育幼院長大，滿 18 歲後就被送離育幼院，

像是剛冒出新枝葉的年輕人。

他選擇自行了結生命，

卻沒有任何人替他哀悼。

無論是鄭仁，還是已經變成乾屍的小小生命，

或是被海外領養的小新芽們，

他們都是無法替自己發聲的人。

不，他們是不懂得如何替自己發聲的

社會弱勢族群。

一想到這麼幼小又弱勢的孩子，

未曾反抗過一次就這麼離去，

我的憤怒難以撫平。

每當媒體談到這類社會問題，

樹立政策的人員只會像鸚鵡一樣重複說著

「法案未能在國會通過」、

「預算不足」、

「正在評估」、

「我們會召開公聽會，逐步尋找解決方案」。

聽到這種話，又讓我怒火中燒。

究竟什麼才是重要而且需要的預算？

保護出生在這片土地上的生命，不就是國家的責任

和任務嗎？

為什麼不能先挪用預算保護這些已經出生的生命？

每到年底各級機關為了消耗預算，

把堪用的馬路重新翻修，那些施工的費用

應該可以拿來拯救數百名的孩子吧？

我想向樹立政策的人員吶喊，

不，我想哭訴

「人民的稅金繳來是為了讓你們用在重要大事上。

當孩子們被領養到國外時，

你們可曾想過他們在那片土地會受到的冷漠對待和疏離？

真正的福利國家該扮演的角色是什麼？

你們可知道在這片土地上

為了一家大小的生計，賭上性命在街頭奔波的外送員，

三餐不定時的宅配司機，

有多少人失去生命嗎？

你們可曾看到這片土地上因為沒有足夠的防護設施

造成死亡事故的一家之主和青年？

你們聽不見他們血淚交織的控訴嗎？

家裡頭有一個人犧牲了，

他的家人從此以後就陷入陰暗的生活中。

我的眼前只看到

一家之主犧牲性命後，那些年幼孩童要活下去的人生。」

韓國俗諺道「堂狗三年吟風月」*。

和社會福利機構打交道近 30 年了，

我也明白每回政權交換，執行新專案時，

福利預算就會像橡皮筋一樣彈性變化。

---

* 意思是書堂的狗每天聽書生們讀書，經過三年也能學會吟詩。更深
　一層的意思是，無知的人若能在聰明人身旁耳濡目染，假以時日也
　能有所成長。

什麼時候

國家才能保障所有在韓國出生的國民安居樂業呢？

穩住激動的情緒，

我得去一趟正在等待我的育幼機關了。

找出我可以做的事，

並認真執行，

就是我能做的全部了。

所以很哀傷，但還是會比傻愣愣地旁觀好吧？

我再次想起某位聖人的話。

「一個靈魂比全宇宙更加高貴。」

✦ 非洲的 15 元

2011 年 10 月的最後一天，

我從義大利回到韓國。

當我回到家裡，放下行李箱想消除旅程疲憊的時刻，

突然接到一通電話。

那是平常我經常見的一位溫暖之家 * 的管理者，

一位修女的來電。

「安潔拉姐妹，12 月中旬要不要跟我一起去一趟非洲？

有一個攝影師本來想和我去，都買好機票了，

突然出了些事情去不了。

大概需要兩個禮拜，妳願意跟我去嗎？」

接了修女的電話，因為考慮到家人的反應，

---

* 그룹홈（group home），韓國首爾於 1997 年開始實行的制度，考
量到部分需要保護及協助的青少年、老人等難以適應社會生活，故
將四到五名分配給一位管理者，讓他們像一般小家庭一樣生活。

我說「可是我才在米蘭待了三個月回來，怎麼辦呢？」

接著我又馬上改口，

「好的，我一定會跟妳去。」

聽到「非洲」這兩個字，我突然全身像被電流貫通般。

小時候我經常找世界旅遊記來讀，

還想著總有一天我要去非洲。

另外，在離開米蘭之前，

我在新聞上看到大約三、四歲的小女孩

赤著腳，頭上頂著巨大的塑膠桶

要去汲水的場景。

她們通常要走上一、兩個小時，長則三、四個小時

只為了汲水，這可能令我太衝擊，

之後就不斷想到非洲。

我開始準備非洲旅程。

我打電話給願意成為我的資助人的親友，

募集了一筆捐款。

要聯絡親友請他們捐款時，

我都會說「請我吃頓飯吧！去豪華又高檔的地方」，

這樣他們大部分就懂我的意思，

把飯錢匯到我的帳戶裡。

因為他們知道不喜歡在昂貴餐廳吃飯的我，

說想吃一頓好吃的，

就是釋出請他們捐多點錢的信號。

接下來就是到韓國的國立醫療院所施打黃熱病疫苗，

然後順便去趟藥局拿瘧疾的處方藥物。

從北半球去到炎熱的南半球，

打包行李也需要花心思。

我放入幾件吸汗又容易清洗的 T 恤。

終於來到去非洲的日子。

從 12 月中旬嚴冬的首爾，

行經泰國，再到奈及利亞轉機，

最後抵達了位於非洲中西部大西洋沿岸的喀麥隆。

從出發後幾乎花了兩天。

在非洲的那兩週成了我人生的轉捩點。

喀麥隆從前是法國殖民地，

因此官方語言使用法語，並通用歐元。

是原始農耕社會和使用電腦工作的 21 世紀文明

共存的社會。

待在喀麥隆的期間，我深刻體會到韓國

確實是享有頂級現代文明的國家。

村長歡迎我們，說遠道而來辛苦了，

並帶我們到俾格米村（Pygmy）。

那裡現在還在用打火石生火，

將溪邊抓來的魚烤來吃。

但是那也是運氣好、釣魚有收穫時的事，

據說他們更常挨餓。

錯縱交雜的葉子織成的小棚子，

只遮住重要部位的穿著，

看著孤軍奮鬥只為了滿足基本需求的他們，

我的心裡好像有一塊沉重的東西壓下來。

我問一個在俾格米村遇到的少女需要什麼，

她說想盡情地吃麵包，

於是我帶她去一間讓我聯想到草屋倉庫的麵包店。

那是村子裡唯一的麵包店。

（喀麥隆曾是法國殖民地，因此食衣住行文化處處可見

到法國影子）

一根長棍麵包五角美元，

換算下來大約新臺幣 15 元 *。

看著開心吃著法國麵包的少女，

突然能夠感受到 15 元的力量有多大。

在那裡有一種幸福，是一天 15 元就能嚐到的。

但是那個少女的小確幸感覺不會維持太久。

引領我們到俾格米村的村長

邀請我到他家。

* 　原文是 700 韓元，約為新臺幣 15 元。

原因是為了炫耀他家旁邊蓋的鐵塔，

可惜那座鐵塔

是歐洲最大電信公司蓋的通訊電塔。

光是經過那附近，就能感受到電磁波包圍全身，

但我很努力不表現出來。

去到喀麥隆的首都雅溫德（Yaoundé）

當然也有販售各種物品、金碧輝煌的百貨公司，

但是我聽說喀麥隆的大部分人口，

都是住在沒有水管設施、用黃土蓋成的磚房。

這類情形在其他非洲國家也是大同小異。

兩週的時間裡，我和純樸的孩子們、青少年

分享了很多層面的經驗，

產生了很深的感情。

為了讓他們把弄髒整個村子的垃圾清乾淨，

我用長棍麵包的價格——五角美元說服他們。

只要把塑膠袋分一分，把垃圾裝滿回來，

我就給他們五角美元，我辦了這個活動，將村子

大掃除一番。

我用伸手向各界親友募集來的捐款，

替村子安裝了幫浦。看到乾淨的水滔滔流出，

那些孩子們很高興從此再也不用走那麼遠去汲水，

我無法忘記那些開心的臉龐。

而且我們還替因愛滋病失去父母的孤兒，

建立了可以照顧他們的育幼院。

在滿是擁有白皮膚的人掌握權力的環境下，

偶爾看到擁有黑皮膚的人的時候，以及

在滿是擁有黑皮膚的人生活的環境下，

偶爾看到擁有白皮膚的人的時候，感覺很不一樣。

我想起青少年時期讀過寫黑人血淚史的一本書《根》*。

感嘆「這麼柔順的民族應該讓他們在自己的世界過得

快活的啊……

這是人類史上犯下的罪行啊！」。

---

*   *Roots: The Saga of an American Family*，作者艾利斯 · 哈利（Alex Haley）。

在非洲時，

我碰上不曾預期的景象。

1990 年末

我曾成功地將某個品牌引進韓國，

繡有該品牌商標的產品成為破布，

混在救濟品之中。

看到那幅景象時真是五味雜陳。

我想起從事時尚界的人在銷售不佳時

自嘲是「賣破布的」那個詞。

離開俾格米村的前一天，

我對著來找我的少女們，

僅能用少數我會的法語和她們道別，聊表不捨之情。

於是我保證會再到訪。

我約定只要她們像之前和我一起打掃時一樣，持續打掃
周遭環境，

維持村子的整潔，

我就會買她們想要的手機作為禮物。

為了能和她們溝通，我再次拿起法文課本。

✦ 擁有第九智能的人

春天又再次到來。

紫羅蘭說它也是花，華麗綻放它的花瓣。

開在低處，不顯眼的紫羅蘭花，

是我最喜歡的花種之一。

看著紫羅蘭花，我突然想起已逝的父親。

「我還能再看幾次這春天呢？」

父親在晚年時經常說這句話。

當時我不太能理解那份心情，

等到我愈來愈接近父親當時的年紀，

才知道，啊，原來他的心情是這樣的啊！……心頭一陣
刺痛。

動物的一生只有一次，

但植物則是等到春天就會再次盛開。

「是啊，你們每年開花一定有莫大的喜悅吧？」

甚至有點羨慕植物。

從小我就特別喜歡觀察植物。
尤其喜歡春天時短暫開花就凋謝的白木蓮和櫻花。
我喜歡花開、花謝、新葉的
新生之美。
愈接近要跟隨已逝父親離開的年紀，
我對生命的讚頌就愈來愈深。

稱它為小花，好像也怪可憐的
紫羅蘭花，為什麼上天會造出來呢？
聽說世間萬物皆是美麗，
那造物主的意思是什麼呢？
為什麼會創造這樣的世界？我又為什麼被創造出來呢？
習慣性地，我又有疑問了。

從紫羅蘭花開始的疑問，
衍生到我領養的幾個孫子孫女。
只要和他們四目交接，彷彿等待已久似地

對我露出純淨微笑的那些寶貴生命，我每回見到他們
都很想問，

為什麼神不給期待孩子的夫婦孩子，

反而讓拋棄孩子的夫婦懷上孩子呢？

是三神奶奶 * 的失誤嗎？

如果這些孩子能夠在好父母底下出生該有多好……

我擁抱、一起玩耍的這些養孫子們

幾乎等同被拋在社會以外。

我去找他們時，

想念有人撫摸，渴求關愛，需要照顧的他們

總是不願意放開我的手。

社工老師都用盡愛去照顧，

但是孩子們想要更多的關心和愛。

雖然我也想給予他們期待的關心和愛，

---

* 　삼신할머니，韓國民間信仰的神祇，掌管懷孕、出生和養育。

但社工人力實在是不足。

現實情況令人惋惜。

我曾讀過一篇報導，這些沒能在溫暖家庭受到呵護的

年輕人

長大後有很高機率會成為未婚媽媽、未婚爸爸。

我在第一線觀察，確實是這樣。

孤單長大的人對於異性更容易掏心掏肺，

為了避免再次孤單，很容易締結錯誤的關係。

（當然，也有很多正直成長的孩子）

甚至有很多不懂事的孩子根本不知道自己怎麼懷孕的。

我真心想問造物主，

「有的人耗費大筆金錢接受不孕治療，

仍然因為沒辦法懷上孩子焦急不已，

又為什麼要在沒有準備好的家庭，

創造不受歡迎的生命呢？」

有如美麗新芽的小生命，

如果想要長出葉子、成為健壯的樹木，

真的需要花很多功夫，

為什麼造物主要讓不情願的人懷上健康的孩子，

卻不願給長期期盼孩子的人如願呢？

當我發現世界並不公平時，

就想起史蒂芬妮雅·迪·馬可（Stefania Di Marco）

養母說過的話。

「為什麼一定要是我親生的呢？

所有的新生命都是寶貴的。」

史蒂芬妮雅是 55 年前透過霍特國際兒童服務（HICS）

被領養到義大利的韓裔孤兒。

史蒂芬妮雅的養父母是義大利人，

他們刻意不生自己的孩子，

領養了兩名韓裔女童、一名義大利女童，

還有一名患有腦性麻痺的男童，

用真正的愛和誠心養大四名子女。

看到來自 55 年前領養的女兒國度的我，

史蒂芬妮雅的父母親非常高興。

我到現在還記得他們開心的神情。

他們招待我到家裡，

準備了故鄉西西里島的料理。

然後他們交給我一份資料，

問我「可不可以幫忙尋根？」

露出不捨的眼神。

那是 55 年前他們填寫的霍特國際的領養文件。

「發現地點：○○洞 * 派出所前」

看著那份領養文件，

我情緒湧了上來，實在無法抑制。

史蒂芬妮雅的養父母回憶往事。

因為女兒們的外表長得不同，她們曾被義大利孩子嘲笑，

哭著回到家裡後，他們一起抱頭痛哭……

---

* 「洞」（동）是韓國劃分行政區域的名稱，相當於臺灣的「里」。

進入青春期的她們開始對自己身分認同有所懷疑時，
養父母也和她們四處諮詢，度過危機。
但是他們說從來沒有後悔領養過，
並說這是造物主賜予的寶貴生命。
他們的境界究竟是何種境界呀？
他們已經達到何種境界了呢？

史蒂芬妮雅的養父母就像「多刺魚」。
為了孩子，獻出自己的所有血肉和生命，
然後逐漸死去的多刺魚。
自己不生孩子，為了別人生的孩子
甘願犧牲自己人生的史蒂芬妮雅養父母
究竟是什麼樣的人呢？
有人生了卻拋棄，甚至是殘害生命；
有人卻拾起被丟棄的生命，
如此盡心盡力地養育。
究竟是什麼讓這個情況可能發生呢？
愚鈍的我想不出答案。

並不是所有領養的人就會好好養育孩子。

看到虐待養子的悲劇事件，

我想，是否人類生來各自擁有各自的能力值呢？

不，我想也可能是人類的能力值本就有所差異吧？

根據美國心理學家霍華德‧加德納（Howard Gardner）

的研究，

除了語言、音樂、數理邏輯、空間、

肢體動覺、人際、內省、自然等

八項智能之外，

據說還有一種智能，稱為存在智能＊或靈性智能＊＊。

會思考我為什麼出生、為什麼而活，

或是我能為人類做些什麼，

幫助你思考這些存在問題的，

就是第九智能。

＊　existential intelligence，主張一個人能夠從所屬的社會環境及諸多
　　影響力中跳脫，省思個人的特性與本質。

＊＊　spiritual intelligence，包括包括靈感、頓悟能力和直覺思維等。

在知道第九智能可以幫助你

超越世俗思考方式，思考人類普世價值後，

我還是有很多疑問。

為什麼有些人的第九智能很發達，

有些人卻缺乏呢？

是因為這樣所以才拋棄親生孩子，甚至奪走孩子性命嗎？

在批評別人之前先檢視我自己吧！

不過是做做志工服務樣子的我，自己又如何呢？

像史蒂芬妮雅養父母這樣的人，

才是第九智能非常發達的；

換句話說，

他們已經到達領悟造物主真諦的境界。

在哪裡出生有那麼重要嗎？

只要我接納他們，用愛去教養，

孩子們就能成為這個社會最健壯的樹木……

無法領悟到那個境界，只是不斷拋出問題的我真令人心寒。

我仍是愚鈍的。

✦ 哪怕是傻氣的祈禱
也願意聆聽的人

小時候家裡的長輩信奉佛教。

跟著奶奶和母親去寺裡

吃齋飯是那麼地開心。

我念的大學則是基督教會學校，

每週在大講堂舉行一次禮拜，

學生們有義務要參加。

那時候我根本無心參加禮拜，總是在底下做其他事，

只有唱我喜歡的讚美詩歌時，才會認真地跟著唱。

不過如果去明洞，我一定會去一趟明洞聖堂 *。

從高塔感受到的莊嚴氣勢，

彌撒時響起的管風琴回聲，

---

* 　韓國天主教的象徵建築，也是韓國天主教會的誕生地與中心。

還有神父的黑袍給人的雅緻感。
一直覺得天主教有點吸引人的我，
婚後受先生的建議接受了洗禮。
雖然受洗了，但週末的彌撒我總是時而去，時而不去。

還在當假信徒的某一天，
我被命運的陷阱纏住，終於跪下了雙膝。
那是 1994 年臨近初冬的 11 月。
那是非常重要的活動，重要到飛機起降都要改時間的
大學學測 * 前幾天。
即將應試的高三大兒子，
大半夜地，動了一個生死交關的大手術。

那天大兒子喊頭痛，沒有去補習班，
洗澡洗到一半突然昏倒，陷入昏迷。

---

* 　韓國大學學測的英文聽力測驗時段因管控噪音，飛機不可以起降。

情況緊急，我想不起 119，只想起 112*。

緊急出動的警察揹起兒子趕往附近的急診室。

醫生診斷是先天性腦動脈瘤。

並說明因為腦動脈附近的血管有先天性畸形，

在血氣旺盛的年紀經常會引起腦出血

出血情況通常非常危急，

很多人是在到院前就死亡。

1000 名當中大約有三、四名出生時會有這類型畸形，

就算年輕時運氣好，血管沒有爆裂，

中年以後還是很容易有危險。

住院醫生摟住我的肩膀說，

「請你們做好心理準備，

手術途中很可能就天人永隔了。

就算救回來，也很可能變成植物人，

最好的情況是半身不遂。」

* 112 是韓國警察治安緊急專線。

為什麼偏偏是我兒子！難道這是夢？！
不，我希望這個時刻就是噩夢！
才 18 歲的孩子做錯了什麼？
我連眼淚都流不出來，
只想否認這一切。

「如果上天真的把兒子帶走，我該怎麼活？」
想起過去罵兒子的那些事情，我感到愧疚，
後悔沒能再多待在他身旁……
過往的事情如同走馬燈一般閃過。
那時我撇開所有的悔恨，內心深處
不自覺地吐出像是垂死掙扎的祈禱。

「神哪！祢這樣帶走他可是犯規啊！
哪有人這樣給了又要回去的？
雖然我不是好媽媽，卻不是疏於照顧的媽媽啊！
拜託祢把他還給我，像一開始，像一開始祢給我的，
完好無缺的。

帶走一個人對祢來說根本不痛不癢，

但我就少掉一半的世界了。

如果祢可以救活他，我以後一定會去照顧可憐的孩子們。」

我像瘋了似地喃喃自語，做了很傻的祈禱。

長達八小時的大手術終於結束了。

從手術房出來的主刀醫生抓著我的手說，

「這很難解釋，

基本上這不可能甦醒，但奇蹟發生了。

您的兒子重生了。」

神透過我重生的兒子，

教我謙虛、順從、體貼。

祂給了活在傲慢中的小綿羊一個學習的機會。

大兒子慢慢恢復之後，

我就開始去拜訪

之前只有贊助金額的社會福利機構。

然後非常非常偶爾和神對話時，我這麼說。

「我是個不及格的女兒和媽媽，這祢都知道了，
祢讓我經歷考驗，教我背負十字架的方法。
我這個假信徒耍賴似的祈禱，祢也願意接受，
因為祢在，所以我只能相信祢了。」

人類走過人生旅途的難關時，
如果有自己相信而且崇拜的信仰，真的會成為很大的安慰。
所以我也勸其他人找到自己的宗教信仰。
只要不是強迫做一些不好的文化或態度的宗教，
都是可以的。
我希望大家能有適合自己體質的信仰。
擁有信仰的被造物若能活得符合自己信仰，
我相信世界會變得更溫暖，更有人情味。

如果有信仰，也可以減少貪念，
也能知道接受痛苦的方法。
最重要的是不會一昧地害怕死亡。
就算是勉強，也能相信會有另一個世界，
為了在另一個世界獲得一個好位置，

會願意努力在這裡活得更好一點。

虔誠的天主教信徒法國哲學家帕斯卡（Blaise Pascal）
這麼告訴他的好友：
「我也未曾見過天主，
但是相信有神的人生，
會比不相信的人生更有價值多了。」

年紀愈大，就愈覺得決定信教的選擇
真是做對了，我想稱讚我自己。

後 記

與其煩惱，不如先開始

「老師，您要不要拍 YouTube 啊？

您的人生過得很不平凡哪，

職業生涯也很多采多姿，經驗也豐富……

這個年紀了還經常往返韓國和義大利，

過得這麼忙碌的人，您是唯一一個啊！

光是談義大利的主題就有很多可以說的，

您不僅對義大利的時尚瞭解，對文化方面的造詣也很深，

雖然寫書也不錯，不過最近 YouTube 才是王道。」

後 記

後輩突然給我這個建議，我想了好幾天。

在近乎 70 歲的年紀當 YouTuber，

是一件很需要充滿勇氣的決心的事情。

我找了找最近年輕網紅上傳的影片，

覺得更難為情了。

我被他們介紹的厲害服飾嚇一跳，

也對他們 YouTuber 那一行所使用的「開箱」、「Haul」[*] 等

各種用語感到很陌生。

這讓我確定這不是我這個老人家該出頭的平臺。

「誰會看我這個老太婆的影片？

我一點都不想要每次都買新衣服！

怎麼想都覺得我要拍片就像是一場鬧劇。」

我不太情願，

然後推遲了好幾天，後輩又聯絡我了。

---

[*] 拖拉影片，是有影音畫面的動態開箱文，但偏重商品的取得過程及炫耀戰利品。

「老師，您可不可以去中低價品牌的賣場，
找出和高級品牌設計類似的衣服呢？」
「這個嘛，我一輩子都在和衣服搏鬥，當然是易如反掌。」
「那就好了，那我們禮拜二 10 點之前去接您。」

2019 年 8 月最熱的某一天，
我們在首爾江南一間中低價品牌的賣場，
終於開始拍攝第一支影片。
內容是選出幾款中低價服飾，
比較並說明
這件衣服是模仿哪個高級品牌。
幾天後編輯影片的年輕製作人員非常滿意，
給了我正式開頻道的邀請提案。
「請您一定要往正面方向考慮。」
我告訴這些懇切拜託的人
我猶豫的原因。
年輕製作人給的答案很明快。

「只要像現在一樣，請您自在呈現生活方式吧！」
「一個老東西的生活嗎？

我不覺得年輕人會喜歡

這個老人家的老生活耶！

一個名叫張明淑的人淡然接受老化，

自然生活的日常有什麼好看的？

因為年輕時候太拚盡全力過生活，

現在我想悠悠哉哉地，放慢步調過。」

但是製作單位並沒有卻步。

「老師，這樣很好，您就呈現張明淑的生活就可以了。

不需要擔心，您本身就很有特色了。」

我有點心動

「他們在我身上看到某種潛能了嗎？」

如果和這群對 YouTube 生態夠瞭解的人共事，

是不是值得一試呢？

都這個年紀了，有什麼好怕的？

和年輕人共事，也可以學到很多東西，

也會是很有趣的經驗……要不要試一試？

既然要做，那麼我希望可以傳達好的訊息給年輕人。

「那麼要談些什麼內容呢？

只聊時尚感覺有點無聊，

要不要聊些我在 70 歲之前領悟到的東西？

要不要把定位放在『別把精力放在物品上，而是成為
物品的主人，

展現自己的喜好、眼光和教養才是真正酷的人生』？

但是要是談人生智慧談得不好，

會不會看起來很像老古板？」

腦海中充斥數以萬計的想法，

但就算我想了又想，還是無法輕易下定論。

說要回覆是否願意做的日期已經很接近了，

我突然想起不久前讀過的一篇報導。

那是一篇談論「高價品牌旋風」的報導。

內容是有人為了買高價皮包給女友而去打工，

每當精品開始特價或推出新品，

就在賣場前面搭帳棚過夜，

從凌晨開始排隊。

我感到很不是滋味。

更進一步看輕那個情緒，

發現其中罪惡感的比例不少。

因為我就是把昂貴產品引進韓國的當事人。

很諷刺的是，我本人

幾乎沒有買過品牌 logo

大喇喇印在上面的產品。

我向來是徹底將自己的口袋和工作區分清楚，

過得精打細算的人，所以不能理解現在這種情形。

「對了！我就從這個點切入，找出一點交集吧！」

我下定決心，

在長時間思考後，答應了後輩要我當網紅的提議。

如此誕生的 YouTube 頻道就是「米蘭阿嬤」。

意思是「往返米蘭的阿嬤」，

從小學生到同齡的大人，許多人給了我鼓勵。

我就此展開 YouTube 網紅的人生。

如果沒有後輩的慫恿、年輕人的支持，

還有老人家的好奇心，
就沒有「米蘭阿嬤」頻道了。

我把生活樣貌不加修飾，如實呈現，
從超過 80 年的父親襯衫，
到超過 100 年的奶奶家用品，
赤裸裸地露出我的生活原始狀態。
結果，年輕人的反應意外地熱烈。

我以為拜託閱聽者「訂閱」就像訂報紙一樣要付錢，
這麼做實在太不要臉了，一開始連拜託訂閱的話都說不
出口。
結果現在，
開始拍片幾個月後，我也會注意訂閱人數有多少，
也會撒嬌地說「請幫我按訂閱、點讚！」。
（在知道申請「訂閱」是免費的之後，我有了一點勇氣）

然後，我的天哪！
不過上傳了五、六支影片，

就達成 10 萬訂閱，還拿到「白銀創作者獎」的認證牌。
有的團體還給我「年度網紅」的頭銜。
新聞、雜誌、綜藝、廣告等，愈來愈多單位聯絡我，
訂閱者也逐漸超過 80 萬人。

有一位媒體朋友這麼說，
「妳的訂閱數比一般新聞的訂閱數還要多了。
而且年輕人還會給妳熱情的留言。」
的確，看到幾百、幾千則留言，
就會讓我再次回想剛開始下的決心。

「看到阿嬤之後，讓我不害怕變老了。」
「如果早點認識阿嬤的話，我的生活方式一定會有所不同。」
看到這類的留言，讓我覺得開始拍片真是做對了。
「妳怎麼跟平常的樣子一模一樣呢？」
「沒有任何修飾，很自然耶！」
小學同學，甚至是附近鄰居這麼鼓勵我時，
一方面覺得很安心，一方面也讓我想著絕對不要忘記初心。

現在我剩下的功課，

就是不要讓訂閱者失望，

盡我所能給大眾看到好的影片。

總有一天要做一個美麗的結尾……

人生就是不斷地寫作業。

有時候很簡單，有時候卻太難。

這樣過生活可以嗎？那樣過生活可以嗎？

要開始嗎？還是不要呢？

眼前有眾多選擇時，我同樣有過無數的煩惱，

每到那時我就盡量想得簡單一點。

「只要有趣，就去試試看吧！」

我希望所有的大人和孩子都能夠鼓起勇氣面對

自己的人生。

如果有你想做的事，就不要猶豫放手開始吧！

隨之而來的成果和責任，

只要全部擔下來就好了。

就這樣偶然開始拍片了。

很多人留言要我出書。

所以我一點一滴把我沒能在 YouTube 裡面談的內容
寫下來，

漸漸地就成了一本書。

我要藉這個機會給關注我的所有人

一個熱烈的感激。

希望各位的身心都健康，

在各自的位子上度過燦爛的人生。

2021 年夏天，

米蘭阿嬤 張明淑

好想法 44

我 70 歲，依然嚮往燦爛的明天
米蘭阿嬤關於自尊、充實、品味與責任的故事

原文書名：햇빛은 찬란하고 인생은 귀하니까요
作　　者：張明淑 장명숙
譯　　者：郭佳樺
責任編輯：林佳慧
審　　訂：林佳慧
封面設計：許晉維
版型設計：Yuju
內頁排版：洪偉傑
行銷顧問：劉邦寧

發 行 人：洪祺祥
副總經理：洪偉傑
副總編輯：林佳慧
法律顧問：建大法律事務所
財務顧問：高威會計師事務所
出　　版：日月文化出版股份有限公司
製　　作：寶鼎出版
地　　址：台北市信義路三段 151 號 8 樓
電　　話：(02) 2708-5509　傳真：(02) 2708-6157
客服信箱：service@heliopolis.com.tw
網　　址：www. heliopolis.com.tw
郵撥帳號：19716071 日月文化出版股份有限公司

總 經 銷：聯合發行股份有限公司
電　　話：(02) 2917-8022　傳真：(02) 2915-7212
印　　刷：中原造像股份有限公司
初　　版：2022 年 12 月
定　　價：450 元
I S B N：978-626-7164-87-7

햇빛은 찬란하고 인생은 귀하니까요（COS SUNSHINE IS BRIGHT, AND LIFE IS PRECIOUS）by 장명숙
Copyright © 장명숙 2021
Photo by 노우석 (노나스튜디오)
All rights reserved.
Complex Chinese Translation Copyright © 2022 by Heliopolis Culture Group
Complex Chinese translation edition is published by arrangement with Gimm-Young Publishers, Inc. c/o Danny Hong Agency through The Grayhawk Agency.

國家圖書館出版品預行編目資料

我 70 歲，依然嚮往燦爛的明天：米蘭阿嬤關於自尊、充實、品味與責任的故事／張明淑（장명숙）著；郭佳樺譯 . -- 初版 . -- 臺北市：日月文化出版股份有限公司, 2022.12
368 面；14.7 × 21 公分 . --（好想法；44）
譯自：햇빛은 찬란하고 인생은 귀하니까요

ISBN 978-626-7164-87-7（平裝）

1.CST: 張明淑　2.CST: 自傳　3.CST: 人生哲學

191.9　　　　　　　　　　　　　　111015914

日月文化集團
HELIOPOLIS
CULTURE GROUP

我70歲，依然嚮往燦爛的明天
米蘭阿嬤關於自尊、充實、品味與責任的故事

感謝您購買

為提供完整服務與快速資訊，請詳細填寫以下資料，傳真至02-2708-6157或免貼郵票寄回，我們將不定期提供您最新資訊及最新優惠。

1. 姓名：_____ 性別：□男　　□女

2. 生日：_____年_____月_____日　職業：

3. 電話：（請務必填寫一種聯絡方式）

　　（日）_____（夜）_____（手機）_____

4. 地址：□□□_____

5. 電子信箱：_____

6. 您從何處購買此書？□_____縣/市_____書店/量販超商

　　□_____網路書店　　□書展　　□郵購　　□其他

7. 您何時購買此書？　　年　　月　　日

8. 您購買此書的原因：（可複選）
　　□對書的主題有興趣　　□作者　　□出版社　　□工作所需　　□生活所需
　　□資訊豐富　　□價格合理（若不合理，您覺得合理價格應為_____）
　　□封面/版面編排　　□其他_____

9. 您從何處得知這本書的消息：　□書店　□網路／電子報　□量販超商　□報紙
　　□雜誌　□廣播　□電視　□他人推薦　□其他

10. 您對本書的評價：（1.非常滿意 2.滿意 3.普通 4.不滿意 5.非常不滿意）
　　書名_____　內容_____　封面設計_____　版面編排_____　文/譯筆_____

11. 您通常以何種方式購書？□書店　　□網路　　□傳真訂購　　□郵政劃撥　　□其他

12. 您最喜歡在何處買書？

　　□_____縣/市_____書店/量販超商　　□網路書店

13. 您希望我們未來出版何種主題的書？_____

14. 您認為本書還須改進的地方？提供我們的建議？

_____

_____

_____

好想法　相信知識的力量
the power of knowledge

寶鼎出版

好想法 相信知識的力量
the power of knowledge

寶鼎出版